Schriftenreihe zur Praxis
der Leibeserziehung und des Sports

Band 191

Schriftenreihe zur Praxis
der Leibeserziehung und des Sports

Band 191

Ekkehard Blumenthal

Kooperative Bewegungsspiele

2., erweiterte Auflage

Verlag Karl Hofmann   Schorndorf

Die Deutsche Bibliothek — CIP-Einheitsaufnahme

Blumenthal, Ekkehard:
Kooperative Bewegungsspiele / Ekkehard Blumenthal. —
2., erw. Aufl. — Schorndorf: Hofmann, 1993
(Schriftenreihe zur Praxis der Leibeserziehung und des Sports; Bd. 191)
ISBN 3-7780-9912-4
NE: GT

Bestellnummer 9912

2., erweiterte Auflage 1993

Fotos: vom Verfasser

Erschienen als Band 191
der „Schriftenreihe zur Praxis der Leibeserziehung und des Sports"

Gesamtherstellung in der Hausdruckerei des Verlags
Printed in Germany · ISBN 3-7780-9912-4

Inhalt

1 Einleitung

Analysieren Sie einmal das traditionelle und angeblich so beliebte Völkerball-spiel auf die Frage hin, ob jene Lehrplanformel durchgehend Gültigkeit hat: „Das Spiel fördert in ausgewogener Form die emotionalen, psychomotori-schen, intellektuellen und sozialen Kräfte der Kinder. Es schafft Gemeinschaft, hilft Konflikte lösen, verlangt Sensibilität und Einfühlungsvermögen, ermutigt gehemmte und scheue Kinder zur Äußerung und Selbstdarstellung, verlangt von allen Mitspielern Selbstdisziplin und Kooperationsbereitschaft und regt die schöpferische Phantasie und Gestaltungskraft an." (Bildungsplan für die Grundschule, Baden-Württemberg 1984.)

Das Völkerballspiel kann dies alles ganz gewiß nicht leisten. Es ist ein Muster-beispiel für sehr viele sogenannte Kleine Spiele, die geradezu gemeinschafts-feindlich, Konflikte fördernd, für Schwächere entmutigend und brutal sind. Solche Spiele bedienen sich der Macht der Stärke und richten diese nicht nur gezielt und schmerzlich zuerst gegen die Schwächeren der Gegenmannschaft, sondern letztlich auch gegen die eigenen Mitspieler, denen allenfalls eine pas-sive Rolle oder die Möglichkeit zur „Flucht" aus dem Spielgeschehen ver-bleibt. Viele Spiele scheinen von ihrer Struktur her diese Opfer geradezu zu verlangen. Sie heben die Einzelleistung transparent heraus, sie belohnen die Dominanz einzelner, sie verführen zur Sanktionierung der weniger Erfolgrei-chen und fordern deren Ausschluß durch ihre Regelungen. Deshalb werden diese Spiele von den Durchsetzungsfähigen auch immer wieder bevorzugt und ausgewählt, werden die Rollen im Spiel von ihnen nach dem Prinzip der Lei-stungshierarchisierung verteilt.

Das Anliegen unserer Spielesammlung schließt das „Völkerballspiel" eindeutig aus.

Wir wollen vielmehr Spiele und Spielformen zusammentragen und neu erfin-den, die jedem Mitspieler positive Spielerlebnisse ermöglichen, die niemanden ausgrenzen oder ins Abseits drängen, weil sie jeden Mitspieler für den gesam-ten Spielverlauf unverzichtbar sein lassen. Denn erst Akzeptierung und Gefüh-le der Zugehörigkeit ermöglichen psychosoziales Wohlbefinden und damit uneingeschänkten Spaß am Spielen.

Es sind Spiele ohne Tränen, ohne die Frustration des Ausgestoßenseins und der Zurücksetzung, ohne die Furcht vor dem Versagen und daraus entstehen-der Sanktionierung und Diskriminierung.

Ihr wesentliches Strukturelement ist die Kooperation, das Zusammenwirken, das gemeinsame Bemühen um Spielerfolge, die gerechte Verteilung von Spiel-anteilen.

Kooperative Spiele schließen den Wettbewerb nicht grundsätzlich aus, sie wol-len dem Wettbewerbsergebnis aber keinen zentralen Stellenwert einräumen und kennen weder den Einzelsieger noch die herausgehobene Einzelleistung.

Bei der Beschreibung unserer Spiele werden die Begriffe des Gewinnens oder Siegens bewußt und konsequent vermieden, obwohl es immer wieder auch die Situationen des Gewinnens bzw. Verlierens gibt und geben soll.

Sport und Spiel bedürfen dieser Komponenten.

Unsere kooperativen Spiele geben Gelegenheit, „in freundlicher Weise miteinander zu kooperieren" (41), in einer Weise also, die es durchgehend zuläßt, gut miteinander auszukommen, jeden Mitspieler zu akzeptieren, die Freude am Spielen selbst dominieren zu lassen. In kooperativen Spielen hat jeder Spieler eine gewichtige Rolle, für das Erreichen eines Ziels kann jeder einen erfahrbaren Beitrag leisten.

Unsere Spielesammlung ist in erster Linie auf Kinder zugeschnitten, damit aber keinesfalls auf Kinder beschränkt. Auch Jugendliche und Erwachsene lassen sich von ihnen motivieren und in die unbeschwerte Welt des Spielens hineinziehen.

Wir erörtern in einem theoretischen Kapitel zunächst einige Probleme des sportschwachen Kindes in der Schule, wollen damit aber auch keine Eingrenzung der Spielesammlung auf den Bereich des Schulsports vornehmen. Kooperative Spiele sollen ebenso in Sportvereinen, in der Jugendarbeit, in Heimen und selbstverständlich in Freizeit und Urlaub möglich sein.

Wir hoffen, mit der Form der kurzen Spielebeschreibung und bildlichen Ergänzung leichte Verständlichkeit und damit schnelle Zugriffmöglichkeit erreicht zu haben.

Zur zweiten Auflage:

20 weitere kooperative und sanfte Spiele, deren wesentlicher Gehalt in der chancengleichen Integration aller Teilnehmer gelegen ist.

Juli 1993   Ekkehard Blumenthal

2 Grundsätzliche Vorüberlegungen

2.1 Der leistungsschwächere Schüler im Sportunterricht

Man hat wohl consensus darüber gefunden, daß formelhaft die Zielsetzungen und Aufgaben des Sportunterrichts auf vier grundlegende Aspekte zu bündeln sind:
— Sport treiben lernen und können,
— durch Bewegung, Spiel und Sport unmittelbare Erfahrungen machen,
— Wissen erwerben,
— Haltungen, Einstellungen und Gewohnheiten entwickeln.
Es bedarf aber zweifellos der besonderen Bewußtheit, daß auf dem Wege zu diesen Zielen Voraussetzungen gegeben sein müssen, die keineswegs zu den Selbstverständlichkeiten für jeden Lehrer und die konkrete Gestaltung seines Unterrichts gehören.

Eine der bedeutsamsten Bedingungen in diesem Sinne sehen wir im psycho-sozialen Wohlbefinden jedes Schülers im Handlungsfeld des Sportunterrichts und dabei innerhalb der Interaktionsgemeinschaft von Lehrer und Mitschülern.

,,Ein anhaltendes positives Erleben eines angenehmen sozialen Klimas im Sportunterricht ist als schulische Voraussetzung und Basis für einen (Sozial-) Optimismus der Schüler anzusehen, der diese ermuntert und befähigt, beim Sporttreiben unbeschwert aufeinander zuzugehen, ganz selbstverständlich etwas gemeinsam zu unternehmen und zu bewältigen oder aufeinander Rücksicht zu nehmen" (BETZ, H. J. u. a. in: Sportpädagogik 6/1984).

Die Realität sieht oft genug ganz und gar anders aus. Die Klasse ist nicht grundständig eine Interessengemeinschaft, die Schulsportstunde ist keine frei gewählte Handlungssituation, ihre Inhalte entspringen zumeist nicht der gemeinsamen freien Entscheidung, ihre Anforderungen entsprechen oft genug nicht den Bedürfnissen. In keinem anderen Fach der Schule sind es so gravierend vor allem die unterschiedlichen Leistungsvoraussetzungen, die der Entfaltung gemeinsamen Wohlbefindens im Unterricht im Wege zu stehen scheinen, die also integrationshemmend wirken oder wirken können. Der sogenannte leistungsschwache Schüler wird in der fachdidaktischen Diskussion immer wieder als besonderer Problemfall zitiert, — von den einen als Störfaktor und Hindernis, von den anderen als pädagogische Herausforderung.

Die in die Thematik eingebrachte Bezeichnung des ,,leistungsschwächeren Schülers" oder auch des ,,sportschwächeren Schülers" ist zu einem gängigen Begriff geworden, mit dem a priori bestimmte Werturteile verbunden sind. Sie sind entstanden aus der unmittelbaren Diskrepanz zwischen den jeweils geltenden Normen, Ziel- und Wertvorstellungen der Institution Schule und hier speziell des Unterrichtsfaches Sport einerseits und dem tatsächlichen Verhalten einzelner Schüler andererseits. Danach wird also ein Schüler als leistungsschwach eingestuft, der über einen längeren Zeitraum hinweg nicht oder nur unzureichend in der Lage ist, die unterrichtlichen Anforderungen zu erfüllen, der im Lern- und Leistungsbereich deutlich unter dem Mittelmaß des Leistungsvermögens der Bezugsgruppe Klasse bleibt. Dies meint im Sportunterricht im allgemeinen geringes Leistungsvermögen in allen oder in den meisten Teilbereichen sportlicher Anforderungen.

Angesprochen ist also der Schüler, der sich im konkreten Unterrichtsgeschehen darstellt als der Langsame beim Laufen, der Plumpe beim Springen, der Kraftlose beim Werfen, der Unbeholfene und Ängstliche beim Turnen, der Ballverlierer bei den Spielen, der Kurzatmige und Ungeschickte beim Schwimmen.

Es ist zweifelsfrei, daß in einem Sportunterricht, dessen Konzeption und Zielsetzung eindeutig oder überwiegend produktorientiert angelegt sind, in dem das planmäßige Qualifizieren im Bereich der motorischen Grundeigenschaften und der sportmotorischen Fertigkeiten mit klar gesteckten Leistungszielen vorrangigen Stellenwert hat, dieser Schüler besonders auffällt, weil er im Vergleich zu seinen normerfüllenden Mitschülern in vielen Situationen und jederzeit für jeden erkennbar abfällt. Die permanente Transparenz der Leistung sowie die für den Sportunterricht so typischen dauernden Leistungsvergleiche in der gegenseitigen Beobachtung und auch in Wettbewerbsritualen sind hervorragend geeignet, seine Mängel schonungslos offenbar werden zu lassen. Die Werturteile über ihn entstehen also im Verlauf vielfältiger Interaktionen in der spezifischen Situation einer Klasse und sind wesentlich abhängig von den allgemeinen und speziellen Gütemaßstäben, die den Anforderungen des Unterrichts zugrundegelegt sind. Schüler, die in einer Klassengemeinschaft in der Beurteilung eines Lehrers und seiner Mitschüler als leistungsschwächer wahrgenommen werden, können in einer anderen Gemeinschaft bei qualitativ und quantitativ verändertem Anforderungsniveau durchaus im Rahmen der Durchschnittsnorm eingestuft sein und umgekehrt.

In der gängigen Beurteilung hat man wohl die folgenden „Typen" leistungsschwächerer Schüler zu unterscheiden, wobei naturgemäß häufige Überschneidungen zu konstatieren sind (orientiert an KAPUSTIN, P., 34).

1. Behinderte Schüler, soweit sie in der Regelschule verblieben sind

Ihre körperlichen Behinderungen können ererbt und angeboren oder durch Krankheiten, Unfall, Fehlentwicklungen erworben sein. Die Behinderungen können sich in verschiedener Weise im psychomotorischen Verhalten, bei Lern- und Leistungsanforderungen sowie im psychosozialen Verhalten auswirken.

2. Ängstliche Schüler

Hier sind Kinder gemeint, die in vielen Situationen ihres Lebens, besonders in Situationen des Sports ängstlich, übermäßig vorsichtig und zurückhaltend erscheinen. Vor allem sind es Ängste vor Schmerz und Verletzungen, Ängste vor der Ungewißheit unbekannter Situationen und Ereignisse, Ängste vor dem Versagen und Mißlingen. Das Handlungsfeld Sport konfrontiert in besonderem Maße mit Risikosituationen und stellt daher den Ängstlichen immer wieder sehr deutlich heraus.

Mit der Angst vor Anforderungen und möglichem Versagen mit befürchteter Schmerzfolge sind oft jene Ängste verknüpft, die auf die Mitbeteiligten im Interaktionsprozeß gerichtet sind, die Ängste also vor dem übermächtigen Lehrer und den stärkeren Mitschülern.

3. Konstitutionell schwache und sportmotorisch unterentwickelte oder minderbegabte Schüler

Konstitutionelle Schwächen und sportmotorische Minderbegabungen können in gewissem Maße Folgen von Erbanlagen sein. Überwiegend sind sie aber zweifellos Ergebnis mangelhafter Reizsetzung infolge fehlender Gelegenheiten oder ungenügender Anleitung und Motivierung. Das gesamte situativ-materiale und soziale Umfeld eines Kindes und Jugendlichen in den entscheidenden Jahren seiner Entwicklung bestimmt letztlich über seine konstitutionelle und psychomotorische Ausstattung. Überbehütung, Verzärtelung, falsch verstandene Elternliebe sind markante Ursachen für Entwicklungsdefizite, die sich in allgemeiner Unterentwicklung der Muskulatur, in Haltungsschwächen und Haltungsschäden, in Organschwächen und Koordinationsschwächen widerspiegeln.

Übergewichtigkeit ist zudem ein Phänomen, das in den letzten Jahren nachweislich in erschreckendem Umfang bereits bei Kindern zugenommen hat. Wir können hier auf eindeutige medizinische Parameter zur Abgrenzung von Adipositas verzichten. Gemeint ist der auch vom Laien eindeutig als übergewichtig definierte Schüler mit einem zweifelsfrei zu hohen Fettanteil am Körpergewicht. Adipöse Kinder sind zwar nicht immer sportschwache Schüler, in der Mehrzahl der Fälle aber trifft dies zu, — zumindest bezogen auf die üblichen schulischen Sportarten und Anforderungen.

Vermindert sind insbesondere die allgemeine Ausdauerfähigkeit wegen des ungünstigen Verhältnisses von Herzvolumen und Hämoglobin zum Körpergewicht sowie das relative Kraftpotential und die allgemeine Beweglichkeit.

Adipositas ist in nahezu allen Fällen (95—97 %) Ergebnis eines längerzeitigen Mißverhältnisses von Kalorienaufnahme und Kalorienverbrauch, — also im biologischen Sinne letztlich eine vermeidbare und schließlich auch reparable Krankheit.

Die Disposition zur Adipositas scheint erblich zu sein, mindestens ein Eltern- oder Großelternteil der adipösen Kinder ist selbst adipös. Bei der Entstehung und Entwicklung von Adipositas stehen Fehlhaltungen gegenüber dem Körper einschließlich falscher Eß- und Trinkgewohnheiten und unangemessener Nahrungsmittelauswahl in der Familie sowie meist auch gewisse psychosoziale Umstände im Vordergrund. Intrapsychische Probleme, spezifische Beziehungsstörungen und intrafamiliäre Belastungen, die sich in offener Ablehnung oder in latenten Formen des Liebesentzuges äußern, können als Auslöser wirksam sein. Natürlich sind auch die allgemeine Bewegungsarmut innerhalb der Wohlstandsgesellschaft, die Einflüsse der Werbung und die allgegenwärtige Angebotspsychologie wesentliche Einflußfaktoren. Die Adipositas selbst führt in vielen Fällen zu mehr oder weniger schwerwiegenden biologisch-gesundheitlichen und psychosozialen Problemen. Herz-Kreislauf-Atmungsschwächen und -erkrankungen sind bei Fettsüchtigen etwa dreimal häufiger als bei Normalgewichtigen, d. h. vor allem Hypertonie, Coronarinsuffizienz, venöse Insuffizienz, arterielle Durchblutungsstörungen, respiratorische Insuffizienz mit Atemnot besonders bei Ausdauerbelastungen treten gehäuft auf. Im Bereich des Stütz- und Bewegungsapparates sind Schwächen und Schäden an Gelenken und Bändern, demzufolge Fußschwächen (Plattfuß) und degenerative Wirbelsäulenveränderungen signifikant häufiger als bei Normalgewichtigen. Schließlich ist medizinisch eindeutig, daß es eine lineare Abhängigkeit der Herabsetzung der Lebenserwartung Adipöser vom zunehmenden Körpergewicht gibt, die überaus schwerwiegend ist.

Im psychosozialen Bereich sind oftmals Probleme mit der Ich-Identität, Kontaktprobleme, Depressivität oder Aggressivität, Ängste und Neigung zur Infantilität mit jenen biologischen Abweichungen gekoppelt (vgl. REHS, 44).

2.2 Psycho-soziale Probleme leistungsschwächerer Schüler im Sportunterricht

Stefan berichtet . . .

Stefan ist ein Schüler im 6. Schuljahr der Hauptschule und mit fast 80 kg Körpergewicht stark adipös. Auch seine beiden Eltern und seine jüngere Schwester sind übergewichtig; in der Familie wird viel und gut gegessen, die Fettleibigkeit ist zwar als Problem erkannt, aber der Wille und die Kraft zur Gegenwehr scheinen zu fehlen.

Stefan erzählt, daß er in den Grundschuljahren recht gern am Sportunterricht teilgenommen habe, obwohl er auch damals schon vieles nicht so fertigbringen konnte wie die meisten seiner Mitschüler. Allerdings sei er beim Schwimmunterricht sogar einer der besten und sichersten gewesen. Beim Turnen, Laufen, Springen und Werfen gab es dagegen von Anfang an Schwierigkeiten und auffallend schwache Ergebnisse. Alles sei aber nicht so schlimm gewesen, weil alle ihm gern geholfen und ihn angefeuert haben und weil Anstrengung auch vom Lehrer mit Lob belohnt wurde.

Seit dem 5. Schuljahr hat Stefan einen neuen Sportlehrer und zum größten Teil auch neue Mitschüler. Sie haben ihm sehr schnell jegliche Freude am Sportunterricht genommen. Heute sucht er jede Gelegenheit sich zu drücken, spielt krank, vergißt seine Sportsachen und vermeidet mit geschickten Fluchtmanövern die aktive Teilnahme am Unterrichtsgeschehen. Seine Äußerungen hierzu sind zugleich von Zorn und Frustration erfüllt.

Er berichtet, daß er in der Klasse überhaupt nur einen Freund habe, mit dem er wirklich gut auskomme, alle anderen seien mehr oder weniger abweisend; im Sportunterricht allerdings verstärke sich der Druck auf seine Person ganz erheblich.

Stefan glaubt, daß der Lehrer die Hauptschuld daran trage. Während es früher beim Sport immer auch etwas zum Lachen gegeben habe, Spiele und Staffeln gemacht wurden, bei denen es nicht so wichtig war, ob einer nun sportlich besonders gut war, gehe es jetzt genauso ernst und verbissen zu wie im Mathematik-Unterricht, würden fast in jeder Stunde Noten und Punkte angeschrieben, würde man ständig angetrieben und gezwungen.

Da komme es oft vor, daß er mit abweisenden Gesten und Äußerungen oder sogar mit offenen beleidigenden Worten bestraft werde, wenn er wieder einmal an der Reckstange nicht hochgekommen, beim Handstand gescheitert oder beim 1 000-m-Lauf nach der Hälfte der Strecke ausgestiegen sei.

Wenn tatsächlich einmal die Schüler auswählen und mitbestimmen dürften, was in einer Stunde gemacht werden sollte, setzten sich sowieso immer die guten Sportler mit ihren Wünschen durch. Auch die anderen zwei oder drei Mitschüler, die außer Stefan zu den Schwachen zählten, hätten da keine Chance.

Stefan äußert sich verbittert darüber, daß seine Klassenkameraden sich im Sportunterricht ihm gegenüber schließlich genauso verhielten, wie der Lehrer. Man lacht über ihn, hänselt ihn, meidet ihn. Am deutlichsten und schlimmsten sei es immer dann, wenn Gruppen oder Mannschaften gewählt werden sollen. Er bleibe jedesmal bis zum Schluß übrig und werde dann zwangsläufig mit Murren und verletzenden Worten in eine Mannschaft genommen, ohne wirklich aufgenommen zu sein. Manchmal reagiere er aggressiv, meist aber mit Lustlosigkeit und Passivität. Die restlichen Schüler meckern bei Spielen und Staffeln und spielen gelegentlich sogar absichtlich foul gegen ihn.

Schließlich spricht Stefan davon, daß die anderen ihn ungern anfassen und nur widerwillig mit ihm bei Partneraufgaben zusammenarbeiten.

Stefan möchte am liebsten gar nicht mehr in die Sportstunden gehen, weil alle ihn ständig spüren lassen, daß er dort ein besonders schwacher Schüler ist.

Das Fallbeispiel Stefan ist sicherlich nicht gültig für das Befinden aller leistungsschwachen Schüler im Sportunterricht. Es ist vielmehr zunächst davon auszugehen, daß es sich bei Schülern mit Leistungsmängeln und Defiziten zwar um einen für diese selbst sehr bedauerlichen Zustand handelt, nicht aber a priori um Problemschüler in psychosozialer Drucksituation.

Im Mathematikunterricht oder Englischunterricht, beim Lesen und Schreiben gibt es ebenso deutliche Leistungsunterschiede in einer Klasse, ebenso Auffällige beim Scheitern in bestimmten Leistungsanforderungen. Wenn z. B. im Sportlehrplan des Landes Baden-Württemberg formuliert wird: „. . . die körperlich schwächeren und weniger gewandten Schüler sind besonders zu fördern", dann kann das zunächst einmal sehr unmittelbar bedeuten, daß man über Maßnahmen der inneren Differenzierung oder über den Sportförderunterricht hinaus „Nachhilfeunterricht" anzubieten habe, um ihre konditionellen und sensomotorischen Defizite abzubauen und sie an das Könnensniveau des Klassendurchschnitts heranzuführen. Jeder kleinste Fortschritt, der bei einem schwachen Schüler auf diesem Wege erzielt wird, ist für ihn wertvoll und kann helfen, über zunehmendes Könnensbewußtsein neue Motivation und stabile Anstrengungsbereitschaft auszulösen.

Leistungsschwäche an sich ist also nicht eigentlich Problemzustand. Objektiv schwächere Schüler, die sich im Sportunterricht dennoch wohlbefinden, d. h. freudig teilnehmen, sich ihren Möglichkeiten entsprechend um Lern- und Leistungsfortschritte bemühen und sich sozial angemessen verhalten, sind keine Problemschüler. Schüler wie Stefan aber sind in eine Problemlage geraten, die mit dem lapidaren Hinweis auf sportliche Schwächen und Mängel nicht mehr zu beschreiben ist, die vielmehr eine Bedrohung der persönlichen Identität der Betroffenen bedeutet.

Mag es bei Kindern mit verminderten Leistungsvoraussetzungen auf Grund gewisser negativer Erfahrungen in den Interaktionsfeldern vor und außerhalb der Schule bereits Dispositionen zur Problembildung als Folge von Etikettierungen geben, so bestätigen langjährige Beobachtungen, daß Prozesse der Diskriminierung bis hin zur Abstempelung als Versager und Außenseiter im Sportunterricht der Schule einen besonders günstigen Nährboden haben.

Welche Faktoren können hier problemauslösend bzw. problemverstärkend wirksam werden?

Situationsspezifische Faktoren:

Sportunterricht findet in der Institution Schule statt, die für die Schüler eine Zwangssituation darstellt. Nirgends sonst als in der Schule wird Sport zwanghaft betrieben. Die Schule bindet den Schüler in fest bestimmte materiale und situative Bedingungen ein, gibt weitgehend unveränderliche Organisationsstrukturen vor und legt den sozialen Handlungsrahmen fest. Das bedeutet konkret, daß ein Schüler ohne Berücksichtigung seiner momentanen Bedürfnisse z. B. in der dritten Stunde des Mittwochvormittag in die Sporthalle beordert ist, um an den dort vorhandenen Geräten in der Gemeinschaft seiner Klassenkameraden zu turnen.

Schulsport spielt sich im wesentlichen mit Unterrichtsinhalten ab, die vom Lehrplan vorbestimmt sind, und er verläuft nach methodisch-didaktischen Grundsätzen, die momentan vom jeweiligen Lehrer für richtig und „erfolgreich" gehalten werden.

Die allgemeine Leistungsstruktur und das Konkurrenzprinzip der Schule setzen sich massiv in den Schulsport hinein fort, er ist geradezu prädestiniert für permanente Leistungsbeobachtungen, Leistungsbeurteilungen und Leistungsvergleiche.

Diese institutionellen Bedingungen können Ausgangspunkt und auslösende Faktoren dafür sein, daß einzelne Schüler, die nicht oder unzureichend in der Lage sind, den Anforderungen und Normen zu entsprechen, auffällig und von den übrigen Interaktionspartnern als abweichend vom durchschnittlichen Erfüllungsverhalten wahrgenommen werden.

Personspezifische Faktoren

— LEHRER:

Nach A. Thomas (54) sind es im wesentlichen drei Bedingungen, die das Lehrer-Schüler-Interaktionsverhältnis bestimmen:
— die spezifische Wahrnehmung der Schüler durch den Lehrer
— die Macht des Lehrers über die Schüler
— die Struktur der Kommunikation zwischen Lehrer und Schüler.

Lehrer nehmen ihre Schüler von sehr unterschiedlichen Verhaltensstandards her wahr und typisieren sie nach ihren spezifischen Verhaltenserwartungen in deren Rolle als Schüler.

Dabei werden nachweislich gerade von Sportlehrern oft sehr einseitige Maßstäbe zugrundegelegt, die sich aus dem körperlichen Erscheinungsbild, aus der allgemeinen sportlichen Veranlagung, aus speziellen Leistungserfolgen und aus der sportlichen Motiviertheit der Schüler ergeben. Dies bedeutet, daß Lehrer im Sportunterricht den dort schwächeren Schülern gegenüber oft negativ eingestellt sind. Sie gehen dabei entweder von der Theorie aus, daß sportliche Lern- und Übungsprozesse nur für die Schüler überhaupt lohnend und sinnvoll sind, welche die entsprechenden Bedingungen und Anlagen mitbringen, und vernachlässigen die weniger Prädestinierten. Oder sie ordnen sportschwächere Schüler als definitive Störfaktoren ein, die den zweckrationalen Unterrichtsgang behindern, die allgemeine Lernprogression bremsen, Spiel- und Übungsprozesse blockieren, insgesamt also die Zielprojektion des Unterrichts gefährden.

In diese Leistungsdimensionen gehen Komponenten mehr oder weniger unkontrollierbarer affektiver Einstellungen und Verhaltensdispositionen der Typisierenden ein. Brusten/Hurrelmann stellen in ihren Untersuchungen eine hohe Interdependenz von Leistungs- und Beliebtheitsstatus fest. Dies bedeutet, daß für die schwächeren Schüler „in ganz extremer Weise zu den Mißerfolgserlebnissen in der formellen Schulkultur auch noch Mißerfolgserlebnisse in der informellen Gruppenkultur hinzukommen" (10, S. 57).

Leistungsstärke bzw. Leistungsschwäche und Sympathie stehen in einem weitgehend sich bedingenden Verhältnis zueinander. Die Leistungsschwächeren erfüllen die Erwartungen des Lehrers nicht, sie gefährden damit irgendwie auch seine Lehrerrolle. Nicht selten reagiert er aktiv, indem die verfügbaren Machtmittel in Anspruch genommen und gegen die betreffenden Schüler gerichtet werden. Andeutende oder auch ausgesprochene Bezeichnungen (Stigmatisierungen), abweisende, mißachtende Gesten oder Äußerungen, verletzend mißachtendes Verhalten können als Ausdruck seiner Macht eingesetzt werden. Oft genug werden diskriminierende Worte auch mit schonungsloser Offenheit ausgesprochen und lauter Tadel in Form heftiger Beschimpfungen formuliert.

Entsprechende Wirkungen sind nicht nur für die unmittelbare Kommunikation zwischen dem Lehrer und diesen Schülern zu erwarten, sondern aufgrund der Vorbildfunktion der Lehrerrolle zwangsläufig auch für das Verhalten der übrigen Schüler.

Insgesamt ist zu konstatieren, daß der Lehrer bei leistungsschwächeren Schülern Frustration und Bedrückung dann auslösen kann, wenn in seinem Unterricht die folgenden Strukturmerkmale beherrschend sind:

— Überwiegend leistungs- und produktorientierte Unterrichtskonzeption.

— Überbetonung von Wettkampf- und Konkurrenzsituationen, Überbewertung von Sieg und Niederlage.

— Ausschließlich oder überwiegend leistungsorientierte Beurteilung und Benotungen.

— Vernachlässigung bzw. offene Diskriminierung der Leistungsschwächeren bei spürbarer Bevorzugung der Stärkeren.

— Nur oder überwiegend an den Leistungsstarken orientierte Auswahl der Inhalte.

— Nur oder überwiegend an den Leistungsstarken orientierte Unterrichtsgestaltung in der Wahl und Anwendung der Methoden, in der Progression der Lernschritte.

— Drängendes und zwingendes Fordern von Leistungsergebnissen, damit bei den Schwächeren die Schaffung angsterzeugender Situationen.

— Fehlende oder mangelhafte Sensibilisierung der Stärkeren für die Situation der Schwächeren durch den Lehrer.

— MITSCHÜLER

Kinder können zweifellos aus ihren vorschulischen und außerschulischen Interaktionsfeldern Neigungen zu abweisendem Rollenverhalten Andersartigen und vor allem Schwächeren gegenüber mitbringen. Es gibt in ihrem Umfeld schließlich genügend „Vorbilder", die geeignet sind, hierarchisierende Denk- und Verhaltensformen anzustoßen und auszulösen. Dabei spielen die Einflüsse des Elternhauses, der peergroup und der Medien die wichtigste Rolle. Ebenso eindeutig ist aber auch, daß die Schule aufgrund ihrer leistungs- und konkurrenzorientierten Struktur einen besonders ergiebigen Nährboden für klassifizierende Einstellungen und Bewertungen der Interaktionspartner abgibt. Dabei wird das soziale Ranggefüge in der Klasse insbesondere bei jüngeren Schülern nicht zuletzt von der körperlichen Disposition und sportlichen Leistungsfähigkeit her bestimmt und verfestigt. Wenn hier durch den Lehrer nicht rechtzeitig sensibel reagiert und mit Nachdruck gegengesteuert wird, werden leistungsschwächere Schüler nachhaltig in ihren Mängeln bezeichnet und als Versager eingestuft. Sie werden von den Mitschülern als Handlungspartner geringgeschätzt oder abgelehnt, sie werden als Störfaktoren bei Lern- und Übungsprozessen erlebt und entsprechend behandelt, sie werden bei gebotenen Möglichkeiten der Mitbestimmung und Mitgestaltung im Unterricht überstimmt und mißachtet. Ihre Mißerfolge werden von abwertenden und verletzenden Gesten und Äußerungen begleitet, ihr Versagen zum Anlaß genommen für Spott und Hohn. Aktive Diskriminierungen den Schwächeren gegenüber sind besonders häufig bei den ausgesprochen Sportstarken, den „Stars" zu beobachten, die ihrerseits ihr Verhalten bemerkenswert eng am Lehrer, ihrem sportlichen Vorbild, orientieren.

Insbesondere bei Spielen und Wettbewerben, deren sensomotorische und taktische Anforderungen einzelne Schüler nicht adäquat erfüllen können, eskaliert das ablehnende Verhalten in verbalen, nonverbalen, gelegentlich sogar handgreiflich aggressiven Äußerungen. Bereits bei Wahlen und Zuteilungen werden die Schwächeren isoliert und ausgegrenzt. Im Schulalltag wiederholt sich mit bedrückender Häufigkeit jene schlimme Situation der Restschüler bei der Gruppen- und Mannschaftsbildung, die bis zuletzt auf der Bank sitzen, dabei abschätzend taxiert werden, um schließlich als lästige Dreingabe unter Murren und Meckern irgendwo zugeteilt zu werden. Das Spiel selbst läuft dann ohnehin meist an ihnen vorbei oder richtet sich zwecks Eliminierung zuerst auf sie. Spiel- und Wettkampfformen mit ausgeprägtem Konkurrenzcharakter legen es geradezu nahe, die Schwächeren auszuklammern oder gelegentlich nur notgedrungen einzubeziehen, weil man ja durch sie Ball- und Punktverluste befürchten muß und diese schließlich den in seiner Bedeutung so hoch veranschlagten Sieg gefährden könnten. Im Falle der Niederlage werden sie allemal verantwortlich gemacht und dafür mit lautem Tadel bestraft. Oft setzt sich das gegen sie gerichtete aggressive Verhalten bis weit über die aktuelle Situation in der Sportstunde hinaus fort.

„Geht man von einem Grundbedürfnis des Menschen nach sozialen Kontakten in Form positiver Zuwendung und emotionaler Wärme des Partners, nach Wertschätzung, Freundlichkeit und Anerkennung aus" (HARTMANN 30), so müssen massive Prozesse der Stigmatisierung und Etikettierung zwangsläufig zu negativen Folgen in der Persönlichkeitsentwicklung der Betroffenen führen. Es schließt sich ein Teufelskreis von sozialer Diskriminierung aufgrund von Schwächen über Ängste und Verunsicherung zur Resignation mit Zunahme der Mängel und Defizite als zwangsläufiger Folge.

— BETROFFENE SCHÜLER

Hier geht es um die Frage, wie üblicherweise Schüler reagieren, die von Diskriminierung und Etikettierung durch Lehrer und Mitschüler betroffen und in ihrer persönlichen Identität gefährdet sind.

Es gelingt nur selten, dem Gefahrenbereich der Außenseiterrolle dadurch zu entkommen, daß auf dem Wege zusätzlicher Anstrengung wesentliche Teile der Defizite und Mängel beseitigt werden, die letztlich als Auslöser für jene negativen Interaktionen zu werten sind. Eine solche Problemlösung durch den Betroffenen selbst erfordert zweifellos eine ungewöhnliche Willensstärke bzw. den besonderen Einfluß einer helfenden Person, sofern sie aufgrund der vorhandenen psycho-motorischen Voraussetzungen überhaupt erreichbar sein kann.

KAPUSTIN (34) nennt und beschreibt im übrigen das Fluchtverhalten und das Störverhalten als typische Reaktionsweisen, die man immer wieder beobachten kann.

Flucht- und Ausweichverhalten zeigen sich z. B. im konkreten Vermeiden aller Anforderungen und Leistungssituationen, indem man entsprechende Strategien entwickelt, sich durch geschickte Platzwechsel immer wieder dem Blickfeld der anderen zu entziehen oder Probleme mit der Kleidung vortäuscht, Unwohlsein, Verletzungen, Beschwerden als Entschuldigung für Passivität vorgibt oder sogar ohne besondere Vorwände Desinteresse demonstriert und das Mitmachen verweigert. Flucht- und Ausweichverhalten kann schließlich den gezielten Ausstieg aus dem Sportunterricht überhaupt bedeuten, indem zunächst durch häufiges Fehlen mit dem elterlichen Entschuldigungszettel und letztlich sogar mit ärztlichen Zeugnissen Freistellung erwirkt wird.

Insgesamt also ein Bündel von möglichen Verhaltensformen, die eindeutig Ausdruck psychosozialen Unwohlseins oder sogar ausgeprägter Ängste sind. Diese können allerdings so stark sein, daß sie mit signifikant feststellbaren Zeichen physischer Reaktionen verbunden sind: allgemeine physische Unruhe, Verkrampfung, Pulsanstieg, Schweißausbrüche, Zittern, Blässe, Luftnot, Brechreiz.

Neben den genannten Formen des Flucht- und Vermeidungsverhaltens können auch Formen besonderer Aktivitäten im Sinne des Störverhaltens beobachtet werden. Gemeint sind aufgabenfremde Betätigungen neben oder innerhalb des eigentlichen Lern- und Übungsfeldes, aber auch alle Formen der ,,Kaspereien", Provokationen, Belästigungen und Behinderungen der Mitschüler, aggressive Äußerungen Mitschülern und Lehrern gegenüber. Es wird mit Recht darauf hingewiesen (KAPUSTIN), daß diese Verhaltensäußerungen insbesondere dann auftreten, wenn die betreffenden Schüler ihre Rolle als Schwächlinge und Versager bereits verinnerlicht haben, sie sich also mit dieser Rolle bereits identifizieren und sie gleichsam als Alibi für ihr abweichendes Verhalten benutzen.

Ist der Prozeß der Selbstdefinition soweit vorangeschritten, dann ist die Rolle des Versagers und Abweichlers in diesem Sinne eine ,,problemlösende Handlungsstrategie". Der Betroffene entdeckt im Laufe der Zeit die aus der Rolle ableitbaren ,,Befriedigungen und Vorteile oder zumindest den Weg, wie man mit der neuen Rolle am besten leben kann" (10, S. 103).

Jedenfalls muß angenommen werden, daß bei Schülern in dieser Lage mögliche vorhandene Motive zum Sporthandeln eher verlorengehen als weiterentwickelt und durch weitere ergänzt werden. Die Gesamtmotivation zum Sport ist nicht nur im engen Rahmen des Handlungsfeldes Sportunterricht hochgradig gefährdet, sondern es müssen demotivierende Auswirkungen auch in den außerschulischen und nachschulischen Bereich hinein befürchtet werden.

Zusammenfassend ist also festzustellen, daß das Problem des leistungsschwächeren Schülers im Sportunterricht nicht allein ein individuelles Problem mangelnder Eigenschaften und Fähigkeiten ist, sondern Ausdruck sozialer Wertzuschreibungen durch die Interaktionspartner im Handlungsfeld Schulsport.

2.3 Didaktische Aspekte zur Problembewältigung

Leistungsschwäche ist weder eine notwendige noch eine hinreichende Bedingung dafür, daß Kinder im Interaktionsprozeß des Sportunterrichts ausgegrenzt, gedemütigt, etikettiert werden und sich zu Außenseitern entwickeln.

Versagerkarrieren können im Sportunterricht vermieden werden, weil gerade hier pädagogische Freiräume und Gestaltungschancen gegeben sind und die Zwänge zur Produktion absoluter Leistungen in normierter Qualität und Quantität weniger rigide interpretiert werden müssen als in anderen Bereichen des Systems Schule. Lernziele der Sozialkompetenz sind seit langem als didaktische Maxime anerkannt und haben in den Lehrplänen und Richtlinien für den Schulsport allenthalben einen adäquaten Rangplatz gefunden.

Im Hinblick auf die besondere Problematik des leistungsschwächeren Schülers begegnen in der fachdidaktischen Diskussion im wesentlichen zwei grundsätzliche Richtungen, die zweifellos beide zu rechtfertigen sind, wenn sie sich in der Praxis nur als umsetzbar und geeignet erweisen, das übergeordnete Ziel des psychosozialen Wohlbefindens für jeden Schüler zu gewährleisten.

In einer Hauptgruppe von Vorschlägen werden didaktisch-pädagogische und organisationsmethodische Maßnahmen zusammengefaßt, die im Rahmen eines konzeptionell unveränderten Unterrichts relevant erscheinen, um die Integration aller Schüler in einem freudvoll erlebten Unterrichtsgeschehen herzustellen.

— Als Lehrer physische Mängel und psycho-soziale Fehlhaltungen und Fehlentwicklungen erkennen, sich hierfür sensibel zeigen, sie als pädagogische Herausforderung im Sinne der Hilfeleistung verstehen; für die Erkenntnis bereit sein, daß hier verlangsamte Abläufe und reduzierte Leistungsziele einen verstärkten pädagogischen und emotionellen Aufwand erfordern.

— Grundsätzlich sozial-integratives Unterrichts- und Erziehungsverhalten mit der Tendenz einer bewußten personalen Zuwendung zum Schwächeren; Interaktionsklima emotionaler Wärme.

— Bewußte Sensibilisierung der Leistungsstarken und sozial Gefestigten für die Situation der Schwächeren mit dem Ziel einer toleranten Grundhaltung und der Bereitschaft zur Hilfeleistung. Provokation zu kooperativen Verhaltensäußerungen.

— Soziale Verhaltensweisen innerhalb der Klasse zum Unterrichtsgegenstand machen, sie situationsbezogen und altersgerecht gemeinsam reflektieren; sich auch dem Stigmatisierungsproblem stellen. D. h. auf alle Äußerungen der Diskriminierung reagieren und diese durch behutsame Vermittlung von Einsicht und Verständnis zu kanalisieren versuchen. Dabei muß auch über Leistungsunterschiede und unterschiedliche Leistungsfähigkeit gesprochen werden. Es sollte für niemanden eine Tabusphäre um den leistungsschwächeren Schüler geben.

— Auswahl von Unterrichtsinhalten unter dem Gesichtspunkt von Motivierungs- und Bewältigungschancen für jeden Schüler. Also auch Aufgaben, die keine spezifischen Anforderungen an die motorischen Grundeigenschaften, an das sensomotorische Könnensprofil sowie an das spiel- und sporttaktische Erfahrungspotential stellen.

— Auswahl von Unterrichtsmethoden und -verfahren unter dem Gesichtspunkt von Motivierungschancen und Bewältigungschancen für jeden Schüler. In begründeten Situationen und in vertretbarem Umfang konkrete Maßnahmen der Differenzierung und Individualisierung.

— Den Schwächeren gezielt Erfolge ermöglichen und deren Erfolge pädagogisch dosiert verstärken. Mißerfolgserlebnisse auf ein verarbeitbares Maß reduzieren. Dadurch Ausschöpfung aller Möglichkeiten zur Stärkung des Selbstbewußtseins und des Selbstvertrauens gegenüber den materialen und personalen Anforderungen.

— Bei Versagen und Fehlleistungen der Schwächeren konsequent auf Sanktionen (Schelte, Blamieren, abfällige Äußerungen) verzichten; stattdessen Geduld und ermunterndes Abwarten praktizieren.

— Möglichst Verzicht auf Aktivierungszwang, Leistungsdruck und Auslese, Verzicht auf übermäßige Wettkampfsituationen, — vor allem auf solche mit Individualcharakter. Wettbewerbe mit Kollektivanforderung können sinnvoll werden, wenn die Leistung als Kollektivleistung erkannt und akzeptiert werden kann.

— Vermeidung aller angstinduzierenden Situationen.

— Vermeidung aller Situationen, in denen die Stärkeren in besonderem Maße ihre Dominanz ausspielen können; ggf. auch Veränderung der Spiel- und Handlungsregeln zugunsten der Schwachen.

— Grundsätzliche Überprüfung des praktizierten Leistungsbeurteilungsverfahrens mit der Grundtendenz, stärker eine Orientierung am individuellen Leistungs- und Verhaltensfortschritt zu finden als an vorgegebenen Normen und Wertmustern.

— Konkrete Fördermaßnahmen (Sportförderunterricht) zur Verringerung der konditionellen und psycho-motorischen Defizite.

HARTMANN/ODEY (31) lassen die genannten Einzelmaßnahmen in ein geschlossenes kompensatorisches Programm einfließen, das der gezielten Perspektive ,,Kooperation und Solidarität mit den Schwächeren und Abseitsstehenden'' dient. Das Programm ist dreiphasig aufgebaut und orientiert sich an den folgenden übergeordneten Zielsetzungen:

— Vorsorgemaßnahmen, die Diskriminierungen vermeiden helfen.

— Kompensation von grundlegenden Defiziten im Kenntnis- und Fertigkeitsrepertoire der Leistungsschwachen.

— Entwicklung einer integrativ gerichteten Handlungsfähigkeit bei allen Interaktionspartnern.

Dabei wird insbesondere die dritte Phase verstanden als eine sich vom üblichen Sportunterricht unterscheidende Unterrichtskonzeption. Vergrößerte Wahlmöglichkeiten hinsichtlich der Unterrichtsinhalte, verstärkte Beteiligung der Schüler an der Unterrichtsplanung und Unterrichtsgestaltung, erweiterte Möglichkeiten der Schüler zur Kommunikation und selbständigen Konfliktregelung sowie konsequent nichtdirektives Lehrerverhalten werden als die entscheidenden Merkmale auf dieser Stufe genannt.

Während also HARTMANN/ODEY ihr Programm als ein ausdrücklich kompensatorisches Programm im Sinne eines ,,Schonraumes für die Schwachen'' verstanden wissen wollen, auch dessen Wirkungsmöglichkeiten und Grenzen konstatieren, kommt BRODTMANN (9) zu dem Ergebnis, daß insbesondere die Aspekte der dritten Phase bei Hartmann/Odey als Grundsätze einer konzeptionellen Änderung des gängigen Sportunterrichts überhaupt wirksam werden müßten. Es könne nicht nur darum gehen, durch unterrichtliche Einzelmaßnahmen und Förderprogramme die Situation der Leistungsschwachen vorübergehend erträglicher zu machen. Angemessene pädagogische Lösungen müßten vor allem im Bereich des sozialen Lernens gesucht werden, um insbesondere die so stark gefährdete Beziehungsebene zwischen den sportschwachen Schülern und ihren stärkeren Mitschülern zu normalisieren. ,,Wenn Leistungsunterschiede keine einschneidenden Auswirkungen mehr auf das System der Sozialbeziehungen haben sollen, dann muß Sportunterricht auch die Erfahrung von Möglichkeiten des Sporttreibens vermitteln, in denen nicht die Handlungsintention ,Überbietung' dominiert, sondern in denen die Freude am gemeinsamen Sport aus dem Erlebnis sinnlicher Erfahrung und gesellig-kommunikativen Handelns erwächst" (9, S. 152).

BRODTMANN sieht die Zielrichtung einer solchen Unterrichtskonzeption in vermehrten Möglichkeiten selbständigen Handelns für die Schüler, in mehr Mitwirkung und Mitbestimmung, in mehr Kommunikation und Solidarität. Der Sportunterricht dürfe gar nicht erst die Möglichkeit zur Diskriminierung und Ausgrenzung einzelner geben, sondern müsse von seinen inhaltlichen und didaktischen Grundsätzen her die Integration aller Beteiligten als vorrangiges Ziel verfolgen.

2.3.1 Zum Stellenwert kooperativer Spiele

Spiele und Spielformen haben fraglos in jeder Konzeption von Sportunterricht ihren Stellenwert und einen gewichtigen Rangplatz bei der Wahl der Inhalte. Diese Feststellung darf aber keinesfalls pauschal und undifferenziert gelten, wenn mit ihnen auch bestimmte pädagogisch-didaktische Intentionen verfolgt werden; denn HARTMANN (30) stellt zu Recht fest, daß auch die vielzitierte Sonderstellung des Spiels im Sport als gleichsam selbstverständliche Quelle sozialen Glücks keineswegs durchgehend zutreffend ist, sondern daß vielmehr gerade in Spielen alle Formen des individualistisch-antagonistischen Verhaltens sehr massiv zur Wirkung kommen können. Unsoziales und gegen Schwächere gerichtetes Verhalten kann unter Umständen in entsprechenden Spielsituationen sogar günstigere Bedingungen finden, als in anderen Handlungsfeldern des Sports. Die dominanten Schüler sind hier bei Entscheidungsfreiräumen in der Lage, ihre Spielwünsche durchzusetzen und dabei ihre Könnenssicherheit einzubringen, sie wählen sich vorrangig Interaktionspartner, die den Spielerfolg gewährleisten helfen und sie interagieren auch im Spiel selbst überwiegend mit denjenigen, von denen erfolgreiche Leistung erwartet wird. Die Schwächeren werden allenfalls mitleidig geduldet, meist aber überspielt bzw. eliminiert, schließlich aber im Falle von Punkt- und Spielverlusten für die Niederlage verantwortlich gemacht.

Psycho-soziales Wohlbefinden aller am Interaktionsprozeß Beteiligten aber kann nur in einem Interaktionsklima herrschen, das grundsätzlich kooperativ, solidarisch und partnerschaftlich geprägt ist.

Kooperationsfähigkeit ist ein Aspekt sozialer Kompetenz, der als Lernziel des Sportunterrichts zwar grundsätzlich einen hohen Stellenwert beansprucht, in der Praxis allerdings oft von gegensätzlichen Handlungsintentionen überlagert wird. Kooperationsfähigkeit setzt soziale Sensibilität voraus als die Fähigkeit der Interaktionspartner, die Andersartigkeit der anderen bewußt aufzunehmen, sie anzuerkennen und sich auf die Gemeinsamkeit mit ihnen einzustellen. Es ist die Fähigkeit, die eigenen Interessen und Wünsche adäquat zu vertreten und zugleich die Bedürfnisse der Partner zu respektieren und zu akzeptieren. Kooperatives Handeln bedeutet Umorientierung von der Dominanz individueller Leistungsdarstellung zur Bereitschaft, mit dem Partner so in Beziehung zu treten, daß ein gegenseitiger Austausch von Absichten und Wünschen, Einstellungen und Erwartungen möglich ist, ohne Machtpositionen auszunutzen oder sich Zwangs- und Unterdrückungsmaßnahmen zu bedienen. Erfolg und Mißerfolg müssen als Ergebnis gemeinsamen Handelns begriffen und gewertet werden können, Hilfen sollen da gegeben und angenommen werden können, wo sie dem gemeinsamen Handlungsziel dienen. Im kooperativen Handeln sollte es keine Furcht vor Blamage und Diskriminierung geben, hier darf niemand ausgeschlossen oder abgedrängt werden, hier muß vielmehr jeder in seiner Verantwortung für das gemeinsame Ziel seinen stabilen Standort haben. Das Miteinander in der Kooperation soll alle Formen und Möglichkeiten der Kommunikation umfassen und problemlos auch Körperkontakte· einschließen.

Wir sind davon überzeugt, daß es zu den wichtigsten Aufgaben eines sozialintegrativen Sportunterrichts gehört, mögliche Probleme, die sich im Zusammenhang mit körperlichen Berührungssituationen ergeben können — insbesondere in der Pubertät und im koedukativen Unterricht — sachgerecht zu thematisieren, aufzuarbeiten und zu bewältigen. Es geht nicht darum, die Situation Schule auszunutzen und Schüler zum Objekt körpersensibilisierender Zwangsmaßnahmen gegen ihren Willen zu machen (wie B. WURZEL, 58), sondern darum, die Berührung als die natürlichste Möglichkeit, Kontakt zu schließen, mit pädagogischer Behutsamkeit über Erfahrungs- und Lernsituationen aus der möglichen Problemsphäre herauszuführen.

Der Weg zur Person des anderen führt ganz gewiß auch über die Fähigkeit, mit ihm z. B. in einer Spielhandlung in körperlichen Kontakt treten bzw. die Kontaktnahme durch den anderen nicht als Bedrängnis oder Belästigung empfinden zu können.

Wir gehen von der in der Praxis gewonnenen Erfahrung aus, daß man jenseits zweifellos vorhandener kooperationsfeindlicher Handlungstendenzen in bestimmten Spielen und Spielformen doch gerade auch im Bereich der sogenannten Kleinen Bewegungsspiele lohnende Möglichkeiten zur Verwirklichung jener kooperativen Leitideen finden kann. Bei entsprechender Auswahl und Gestaltung scheinen sie geeignet zu sein, ein Stück beizutragen auf dem Weg zum Ziel der Integration aller Schüler in die Gemeinschaft der Klasse. Voraussetzung bleibt allerdings, daß sie eingebettet sind in ein insgesamt sozialintegratives Interaktionsklima ohne Sympathieauslese und psychosozialen Druck.

Unsere kooperativen Spiele sollen als durchgehend heitere Spiele alle Mitspieler in gleicher Weise motivieren und sie in die allgemeine Spielfreude einbeziehen können. Sie wollen angst- und repressionsfreies Spielerleben gewährleisten und jedem die Chance von Erfolg und Könnensgefühl eröffnen. Sie setzen nicht ein hohes Maß an technischen Fertigkeiten und taktischen Fähigkeiten voraus, ermöglichen aber vielfältige Körper- und Bewegungserfahrungen und sind damit nicht zuletzt auch ein wesentlicher Beitrag zur allgemeinen Körper- und Bewegungsbildung.

Ihre Regelhaftigkeit meint nicht zwanghafte Reglementierung, sondern nur Vorgabe von Grundstrukturen in der Zielorientierung und Spielorganisation, wobei jederzeit Raum für Gestaltung und Variation zur selbstbestimmenden Verfügung gesehen und genutzt werden sollte.

Viele der von uns zusammengetragenen Spiele sind nicht frei vom Wettbewerbsgedanken; denn Wettbewerb kann zweifellos ein wichtiger Motivationsfaktor sein, — ein aus der Grundidee vieler Spiele entspringender Antrieb, der insofern auch nicht durchgehend verzichtbar ist.

Der Wettbewerb verbindet sich hier aber grundsätzlich mit dem spielimmanenten „Zwang" zur Kooperation. Er ist gemeint als ein „freundlicher" Wettbewerb ohne das Ziel, einzelne Spieler zu vernichten, auszuschließen, zu diskriminieren und andere als dominant und leistungsüberlegen herauszustellen. Wettbewerb heißt hier nicht zwangsläufig Kampf um Positionen, Rangordnung und Macht, sondern kann von allen Teilnehmern als ein Aspekt der Spielfreude im friedlichen Miteinander erlebt werden. Eine angemessen heitere und lockere Bewertung von Gewinnen und Verlieren ist dabei nicht etwa Ausdruck mangelnden Spielengagements, sondern Ergebnis unverkrampften Miteinanderspielens auch da, wo man vom Spielgedanken her eigentlich gegeneinander spielt.

In der Gruppen- und Mannschaftsbildung muß diese Grundeinstellung bereits zum Ausdruck kommen; denn Leistungsstärke und individuelles Gewinnstreben sind a priori keine geeigneten Kriterien. Der Zielgedanke, daß letztlich jeder mit jedem kooperationsfähig sein sollte, legt es nahe, möglichst situationsangepaßte und wechselnde Gruppierungsformen zu wählen, die unerwünschte Gruppenfixierung vermeiden helfen.

Gewiß sind Lernprozesse und Qualifikationen erforderlich, um so spielen, so gelassen gewinnen und schließlich auch ohne Tränen verlieren zu können. Wir formulieren deshalb als Leitziel: mit kooperativen Spielen soll gelernt und geübt werden, alle Mitspieler in der Weise als Interaktionspartner zu akzeptieren, daß die Gemeinsamkeit des Spielens als wichtigstes Anliegen gesehen und das Wetteifern als spielimmanenter Antrieb ohne individualistische Profilierungstendenzen zum Ausdruck kommt.

Über den spezifisch angesprochenen Handlungsbereich Sportunterricht in der Schule hinaus sind kooperative Spiele überall da am Platze, wo Menschen überhaupt zum Spielen zusammenkommen können. Sie sollen letztlich „Zusammenspielen möglich machen zwischen Großen und Kleinen, Alten und Jungen, Schlaffen und Verspannten, Frustrierten und Motivierten, Ängstlichen und Draufgängern, Sportlichen und Unsportlichen" (BRINKMANN, A./TREESS, U, 8).

3 Spiele und Spielformen

3.1 Kooperative Spiele und Spielformen ohne Anreiz zum Wetteifern

Tanzende Ballons, tanzende Bälle

Die Gruppengröße der Teilnehmer spielt bei diesem Spiel keine Rolle. Die Mitspieler stehen recht eng zusammen in einem „Rudel". Sie lassen mit den hochgestreckten Händen Luftballons über sich tanzen. Je mehr Ballons es werden, umso interessanter und auch schwieriger wird es, sie alle so zu beherrschen, daß keiner zu Boden fällt. Man kann das Spiel noch lebendiger gestalten, wenn die Spieler innerhalb des „Rudels" ihre Standorte verändern. Selbstverständlich sind auch Strandbälle, Zeitlupenbälle usw. geeignete Spielgeräte.

Eine bereichernde Variante läßt sich herstellen, wenn jeder seinen Ballon mittels Filzstift mit seinem Namen oder einem Symbol versehen hat. Da soll es dann darauf ankommen, den eigenen Ballon im allgemeinen Ballontanz nicht zu verlieren oder aber ihn im Ballon„chaos" wiederzufinden.

Im Kniestand oder im Sitz ist es noch schwieriger und auch anstrengender, alle Ballons gut zu kontrollieren.

Wie auf den hochgestreckten Händen, so kann man Ballons, leichte Bälle oder auch den großen „Physioball" auch in der Rückenlage auf den hochgestreckten Füßen tanzen und wandern lassen. Um möglichst viel Gefühl dabei zu haben, sollten die Füße barfuß sein. Man muß sich schon sehr konzentrieren und sehr gut an die Bewegungen der Spielgeräte anpassen, wenn kein Ball oder kein Ballon verlorengehen soll. Jeder Spieler ist in gleicher Weise in die Anforderungen des Spiels und des Spielgedankens einbezogen *(Abb. 1—3)*.

Abb. 1

Abb. 2   Abb. 3

Ameisenspiel

Ameisen nehmen bekanntlich jedesmal, wenn sie sich begegnen, mit den Fühlern Kontakt auf. Das ist der Grundgedanke für unser Ameisenspiel, an dem möglichst viele Mitspieler beteiligt sein sollen.

Die Spieler laufen innerhalb vereinbarter Raumbegrenzungen kreuz und quer durcheinander und begrüßen sich bei jeder Begegnung durch Körperkontakte. Als Begrüßungsformen kann man z. B. das Gegeneinanderschlagen je einer oder beider Handflächen, Klaps auf Schulter oder Rücken, kurze Umarmung, Kontakt mit den Hinterteilen, Begrüßung mit den Füßen verabreden.

Je enger der Raum, umso lebendiger kann sich das Spiel entwickeln. Begleitende Musik vermag zusätzlich zu motivieren.

Als Varianten bieten sich auch Begrüßungsformen ohne Körperkontakt, also etwa Verbeugungen, Hofknicks, Kniefall usw. an, auch die offene Möglichkeit, daß sich die Begegnenden rasch auf eine Form einigen (Abb. 4).

Tanz mit mir

Hier geht es nicht um einen Aspekt der Tanzerziehung, also nicht um Tanzform oder genormte Schrittfolgen. Der Tanz soll ein freier kindgemäßer Hüpftanz sein, den jeder mit einem Partner z. B. zum Polkatakt in eigener Gestaltung probieren soll.

Aufgabe ist, jeweils auf verabredete Zeichen hin die Kontakte mit dem Partner zu verändern. Mit ein wenig Phantasie lassen sich viele lustige Formen und Möglichkeiten der Handfassung usw. erfinden. Partnerwechsel und ggf. auch Dreier- oder Vierergruppen schaffen weitere Abwechslung und immer neue Motivation.

Eine beliebte Variante ist das Tänzchen mit einem irgendwie zwischen den Tänzern eingeklemmten Strandball oder Lufballon (Abb. 5—6).

26

Abb. 4   Abb. 5

Gordischer Knoten

Ein beliebtes Spiel aus den „New Games". Etwa 10—15 Spieler bilden eine Gruppe, die sich in einem engen Kreis Schulter an Schulter aufstellt. In der Kreismitte reichen wir uns die Hände, wobei dringend darauf zu achten ist, daß niemand beide Hände des gleichen Mitspielers greift. Auch die Hand des Nachbarn darf man nicht nehmen, wenn der Knoten später lösbar sein soll. Es geht also darum, den Knoten durch Drehen, Durchsteigen, Hinübersteigen usw. wieder zu entwirren und schließlich in einem großen Kreis zu stehen.

Es funktioniert, wenn man geduldig ist, dabei gut beobachtet und auch ein wenig nachdenkt, und wenn man sich geschickt zu winden weiß *(Abb. 7—8)*.

Abb. 6   Abb. 7

Abb. 8

Abb. 9

Abb. 10

Gegenverkehr

Für diese Spielform machen wir uns die vielen Markierungslinien in der Turnhalle zunutze. Die Linien sollen vielfach sich kreuzende Straßen sein, auf denen die Spieler vorwärts- und rückwärtslaufen. Da alles sehr schmale Straßen

sind, auf denen man nicht aneinander vorbei kann, muß jeder stets sehr genau aufpassen und rechtzeitig bei entgegenkommendem „Verkehr" abbiegen.

Mit Gegenverkehr macht es auf etwas breiteren Straßen Spaß. Hierzu richten wir möglichst viele Turnbänke entsprechend ein. Es erfordert Geschicklichkeit und Balance, so aneinander vorbeizukommen, daß niemand die Bank verlassen muß *(Abb. 9)*.

Gabi, paß auf!

Ein Namenspiel, das deshalb aber nicht ausschließlich zum Kennenlernen geeignet ist. Als Hilfsmaterial werden Gymnastikreifen benötigt, — es geht aber auch ohne feste Platzmarkierungen. Alle Mitspieler sitzen in je einem der weit verteilten Reifen, ein Reifen bleibt frei. Auf Namenszuruf muß der betreffende Spieler möglichst rasch seinen Reifen verlassen und sich in den jeweils freien Reifen setzen.

Wenn die Namen schnell hintereinander aufgerufen werden, kann dies ein sehr munteres Laufspiel sein *(Abb. 10)*.

Natürlich kann man auch Namenskärtchen als optische Signale verwenden oder jedem Spieler eine Zahl zuordnen usw.

Tausch mit mir

Je mehr Teilnehmer einbezogen werden, umso lebendiger verläuft dieses kleine Spiel.

Jeder Teilnehmer erhält einen Gegenstand aus dem großen Reservoir der vorhandenen Sport- und Spielgeräte, — also verschiedene Bälle, Tennisringe, Staffelstäbe, Bohnensäckchen, Luftballons usw. —.

Die Spieler sollen innerhalb eines vereinbarten Spielraumes möglichst schnell und möglichst oft die Gegenstände mit ihren Mitspielern tauschen; dabei soll „Tauschzwang" herrschen.

Der Spielleiter kann jeweils ein Gerät als „Joker" bestimmen und diesen entweder bereits am Beginn eines Durchganges nennen, um die Tauschtätigkeit intensiv darauf zu richten oder ihn erst nach dem Schlußpfiff zu erkennen geben und damit den Besitzer überraschen *(Abb. 11)*.

Namenspiel

Es gibt viele Spiele, die man so benannt hat. Unser Namenspiel ist besonders geeignet zum Kennenlernen, macht den Kindern aber auch sonst viel Spaß.

Zur geschlagenen Handtrommel oder munteren Musik laufen die Spieler im Spielraum bunt durcheinander und müssen dabei gut auf den Spielleiter und auch aufeinander achtgeben. Der Spielleiter ruft den Namen eines Kindes, das dann sofort stehenbleiben und sich niederkauern soll. Alle anderen Spieler müssen ebenso rasch um dieses Kind einen Kreis bilden. Wenn die Handtrom-

Abb. 11

Abb. 12

mel weiterschlägt, löst sich der Kreis wieder und alle laufen bis zum nächsten Namensruf *(Abb. 12)*.

Reifenspringen

Wir haben Gymnastikreifen auf den Boden so ausgelegt, daß immer Abstände von 1 bis 1^1/$_2$ Metern zu den jeweils benachbarten Reifen gegeben sind. Es sollen zwei oder drei Reifen mehr sein als Spielteilnehmer. Jeder Spieler steht in einem Reifen, und dann geht das muntere Springen von Reifen zu Reifen los. Man darf natürlich immer nur in einen Reifen hineinspringen, der freigeworden ist. Das erfordert viel Aufmerksamkeit und Geschicklichkeit *(Abb. 13)*.

Eine interessante Variante ist auch das Reifenspringen zu zweit bei entsprechend geringerer Reifenzahl.

Ich sage euch meinen Namen

Dieses Namenspiel ist besonders geeignet zum gegenseitigen Kennenlernen. Alle Spieler bilden einen Kreis, in dem ein Ball hin- und hergeworfen wird. In

30

Abb. 13

der ersten Phase des Spiels sagt jeweils der Ballfänger seinen eigenen Namen. Später ruft dann der Werfer den Namen des Spielers, den er anspielen will; sollte er dessen Namen noch nicht wissen, erfragt er ihn nach dem Zuwerfen.

Das Spiel wird erschwert und zugleich lebendiger, wenn man gleichzeitig zwei oder mehrere Bälle ins Spiel bringt.

Das Spinnennetz

Zur Vorbereitung bilden die Spieler einen großen Kreis mit Springseilen zwischen sich, d. h. jeder hat in der linken und in der rechten Hand das Ende je eines Seils.

Aus diesem Kreis soll nun ein möglichst verzweigtes Spinnennetz werden, indem an vielen Stellen gekreuzt, überstiegen, hindurchgetaucht wird.

Ziel des Spiels ist es, das Netz wieder bis zur Ausgangsposition zu entwirren. Bei vielen Mitspielern ist das recht schwierig und erfordert Geduld, Geschicklichkeit und Antizipationsfähigkeit *(Abb. 14)*.

Wasser, Hochwasser

Wir wollen dieses bekannte und in vielen Varianten realisierbare Spiel mit dem sogenannten ,,Sozialberg" verbinden.

Fünf Wetter- und Wetterfolgesituationen sollen das Spiel bestimmen: Sturm, bei dem sich die Spieler lang auf den Boden werfen. Sonnenschein, bei dem alle fröhlich im Raum umherlaufen. Gewitter, bei dem man sich rasch in eine Höhle oder unter ein Dach verkriecht (Höhle aus Weichbodenmatten in der Hallenecke, hochgelegte Turnmatten als Dächer, Schwungtuch zum Drunterkriechen usw.). Wasser, dem man z. B. auf Bänke, an Sprossenwand usw. ausweicht. Hochwasser, vor dem man sich auf einen hohen Berg flüchten kann. Hohe Sprungkästen mit aufgelegter Weichbodenmatte sind eine motivierende

31

Abb. 14

und geeignete Zuflucht. Damit alle recht schnell hinaufkommen, soll man sich gegenseitig helfen, — damit alle Platz finden, muß man eng zusammenrücken. Jeder hat darauf zu achten, daß niemand hinunterfällt oder gar hinuntergestoßen wird *(Abb. 15).*

Nachdem die Spielregelungen besprochen sind, ruft der Spielleiter abwechselnd die Stichworte, bei denen die Spieler entsprechend reagieren sollen.

Das fröhliche Laufen bei Sonnenschein sollte mit Handtrommel oder Musik begleitet sein.

Abb. 15

Gruppenbilden

Dieses Spiel ist eine Variante zum Atomespiel.

Die Spieler bewegen sich in der Grundsituation frei im Raum und sollen mit entsprechenden Gruppenbildungen (Handfassen) auf Zurufe des Spielleiters reagieren. Die Gruppen sollen nach den verschiedensten Gesichtspunkten gebildet werden: z. B. alle Spieler mit dem gleichen Anfangsbuchstaben des Vornamens; alle Spieler, die in der gleichen Jahreszeit geboren sind; alle Spieler mit gleichfarbigen Hemden; je zwei Mädchen und ein Junge, Spieler aus der gleichen Wohnstraße, gleich große Spieler usw.

Zur Auflösung der Gruppen und Begleitung der Grundsituation mag Musik dienen.

Reifentanzen

Eine besondere Attraktion asiatischer Jongleure ist das Tellerdrehen auf Stäben. Sie halten mit großem Geschick gleichzeitig viele Teller in Bewegung. In unserem Spiel ist es nicht ganz so schwierig; wir versuchen es mit Gymnastikreifen, die man auf glattem Boden sehr gut in Rotation versetzen kann. Zunächst bringt jeder seinen eigenen Reifen auf der Stelle zur Drehung, dann werden nach und nach weitere Reifen ins Spiel gebracht. Durch ständiges Wechseln und guten Blick für die Situation kann die Gruppe gleichzeitig eine beachtliche Zahl von Reifen in Drehung halten (Abb. 16).

Bei geeigneten Boden kann man das auch mit Flaschen probieren.

Abb. 16

Die große Maschine

Ein Spiel für möglichst viele Spielteilnehmer, die miteinander kooperieren sollen. Die große Maschine wird aus den Spielern zusammengesetzt, die je einen Bauteil darstellen.

Es beginnt mit einem Spieler, der zu einer rhythmischen Musik oder zum Handtrommeltakt regelmäßig und andauernd eine beliebige Körperbewegung ausführt. Nacheinander kommen die anderen Spieler hinzu, nehmen Körperkontakt auf und bewegen ebenfalls einen oder mehrere Körperteile, bis eine große arbeitende Maschine entstanden ist. Je mehr Phantasie beim Aufbau eingebracht ist, umso attraktiver wird das Gesamtgebilde.

Abb. 17   Abb. 18

Der Händeturm

Acht bis zwölf Spieler knien im Kreis auf dem Boden und türmen in der Mitte ihre Hände übereinander auf. Die zwei Hände eines Spielers sollten dabei nicht direkt übereinanderliegen. Nun wird jeweils die unterste Hand weggezogen und oben aufgelegt. Nach ersten langsamen Durchgängen kann das Tempo kräftig gesteigert werden. Das verlangt Aufmerksamkeit, Konzentration und macht viel Spaß. Schließlich eignet sich diese Spielform auch zum Kennenlernen, wenn der „Besitzer" der obersten Hand immer seinen Namen nennt *(Abb. 17)*.

Baumstammrollen

Dieses Körperkontaktspiel erfordert besondere Anpassungsfähigkeit und Sensibilität gegenüber den Spielpartnern.

Die Spieler liegen bäuchlings ausgestreckt dicht nebeneinander auf dem Boden. Jeweils der letzte der Reihe rollt „wie ein Baumstamm" über sie hinweg und schließt sich vorn an *(Abb. 18)*.

In einer Variante dieser Form legt sich jeweils der erste quer über die Mitspieler und wird von der gemeinsam rollenden Gruppe nach hinten „transportiert".

Riesenschlange, Raupe und Tausendfüßler

Wir fangen mit kleinen „Schlangen" an, die sich aus drei bis vier Spielern zusammensetzen. Nach etwas Übung gelingt es, eine Schlange aus acht bis zwölf Spielern zu bilden, die sich auch fortbewegen kann. Die Spieler legen sich hintereinander auf den Bauch und fassen die Fußgelenke des jeweiligen Vordermannes. So kann sich die Schlange schlängelnd voranbewegen, auch Hindernisse überwinden, sich um ihre Längsachse drehen oder sich auch zusammenrollen.

Natürlich kann man auch kleine Staffelformen organisieren und kürzere Schlangen um die Wette schlängeln lassen.

Die Fortbewegung einer „Raupe" ist etwas leichter. Hier krabbeln die Spieler hintereinander auf den Knien und halten mit den Händen die Fußgelenke des Vordermannes. So lassen sich auch größere Hindernisse — z. B. ein Mattenhügel — überwinden und Tunnel aus Kastenteilen usw. durchkrabbeln.

Einen „Tausendfüßler" schaffen wir, indem die Spieler hintereinanderstehend sich durch die Beine hindurch die Hände reichen; — z. B. die linke Hand nach vorn zum Vordermann, die rechte unter den eigenen Beinen hindurch zum Hintermann. Auch der Tausendfüßler kann sich auf diese Weise fortbewegen, Hindernisse umlaufen und überlaufen, mit anderen Tausendfüßlern um die Wette laufen.

Stets kommt es besonders auf Kooperation und Abstimmung mit den Spielpartnern an, wenn Schlange, Raupe und Tausendfüßler zügig und wendig vorankommen wollen (Abb. 19—21).

Abb. 19

Abb. 20

Abb. 21

Schoß-Sitzen

Das Schoß-Sitzen ruft bei kleineren und größeren Gruppen immer wieder Begeisterung hervor und fehlt auch bei keinem der großen öffentlichen Spielfeste.

Die Spieler — mindestens 10—12 — bilden zunächst einen engen Kreis mit einer Schulterseite zur Kreismitte und mit Handgriff um die Taille des Vordermannes. Auf ein Zeichen hin setzen sich alle gleichzeitig auf die Knie ihres Hintermannes, so daß ein möglichst stabiler sitzender Kreis entsteht *(Abb. 22)*.

Man muß schon sehr gut ausbalancieren und kooperieren, wenn es gelingen soll, z. B. im sitzenden Kreis über Kopf Bälle wandern zu lassen, einen Pushball innerhalb des Kreises hin- und herzuspielen, einen Ball innen oder außen am Boden herumzurollen oder gar den ganzen Kreis in Bewegung zu setzen. Letzteres kann nur gelingen durch Einspielen auf einen gemeinsamen Schrittrhythmus.

Abb. 22

Platz wechseln

Hier kommt es ganz besonders auf Balance und feinfühlige Zusammenarbeit mit den Partnern an. Wir wollen nämlich auf Medizinbällen oder Holzklötzen oder Balken oder großen Autoschläuchen balancierend mit unseren Mitspielern die Plätze wechseln ohne herunterzufallen.

Je nach dem vorhandenen Material können die Gruppen unterschiedlich groß sein; z. B. acht bis zwölf dicht aneinandergelegte Medizinbälle sind eine reizvolle Spielsituation.

Hilfe geben und Hilfe nehmen müssen eng miteinander verbunden sein, wenn der schwierige Balanceakt gelingen soll *(Abb. 23)*.

Steife Puppe

Je sechs bis zehn Spieler bilden einen engen Kreis, in dessen Mitte ein Mitspieler die steife Puppe spielt, d. h. sich ganz steif macht und so den Mitspielern in die Arme fällt. Er soll mit den Füßen fest am Kreismittelpunkt bleiben und seine Arme eng am Körper anlegen. Die Kreisspieler fangen den fallenden Körper sanft auf und schieben ihn im Kreis herum oder federn ihn auch hin und her. Nach einer Weile darf der Mittelspieler seinen „Nachfolger" bestimmen.

Bei diesem Spiel ist verantwortliche Rücksichtnahme besonders wichtig. Der Mittelspieler muß das Vertrauen haben dürfen, daß ihn niemand fallen läßt und daß man ihm beim Hin- und Herschieben nicht wehtut *(Abb. 24)*.

Kontaktknoten

Bei diesem Körperkontaktspiel liegt der Spielgedanke darin, ständig sich verändernde Knoten aus möglichst vielen Spielern herzustellen. Wir stellen uns in einem Rudel zusammen. Jeder legt seine linke Hand bei einem Mitspieler auf eine Schulter und die rechte Hand auf die Schulter eines anderen. Jetzt geht

Abb. 23   *Abb. 24*

es los: auf Zuruf des Spielleiters suchen sich die linken Hände jeweils andere Schultern, die rechten wieder andere Schultern usw.

Das gibt wundervoll enge und immer kompliziertere Verknotungen und macht deshalb sehr viel Spaß *(Abb. 25).*

Abb. 25

Rudi, fang auf!

Ein einfaches Ballfangspiel, bei dem die Spieler entweder im Kreis oder im Viereck oder auch in einem losen Rudel ihren Platz haben. Ein oder auch mehrere Bälle wandern von Spieler zu Spieler, wobei der Werfer jeweils den Namen des von ihm anzuspielenden Fängers rufen soll. In einer erweiterten Form des Spiels wechseln Werfer und Fänger nach dem Zuspiel rasch ihre Plätze.

Als Gerätevarianten empfehlen sich auch Tennisringe, Bohnensäckchen, Frisbeescheiben und draußen im Freien auch wassergefüllte Luftballons, die mit besonders viel Gefühl geworfen und gefangen werden müssen.

Die große Spirale

Möglichst viele Mitspieler bilden einen Kreis und fassen sich an den Händen. Ein beliebiger Spieler im Kreis löst eine Hand und beginnt an der Außenseite des Kreises entlangzugehen und die Kette mit sich zu ziehen. Nur der letzte der Kette soll an seinem Platz stehenbleiben, während sich die Spirale immer enger zusammenwickelt. Wenn es nicht mehr weitergeht, schlüpft der letzte an einer Stelle der Spirale unter den Armen hindurch nach außen, zieht die Kette nach sich und löst die Spirale auf diese Weise wieder auf *(Abb. 26).*

Pyramiden bauen

Gruppen von je sechs bis zwölf Spielern sollen mit möglichst viel Einfallsreichtum Menschenpyramiden bauen. Dabei kommt es auf gute Zusammenarbeit, auf gegenseitige Rücksichtnahme und auf Vorsicht aller Beteiligten an *(Abb. 27).*

Abb. 26

Abb. 27

Im Spiel bleiben

So bezeichnen wir alle jene Spielformen und Spielmöglichkeiten, bei denen es darauf ankommen soll, das jeweilige Spielgerät im Zusammenspiel aller Beteiligten möglichst lange im Spiel zu halten, den Mitspieler also in jeder Phase als kooperierenden Partner, niemals aber als Spiel,,gegner" zu betrachten.

Wir nennen hier das Volleyspielen mit Strandbällen oder Luftballons mit oder ohne Spielfeldeinteilung, das gemeinsame Spielen mit Tennisringen, Indiaca, Scoop, das Spielen mit Speckbrettern, Federballschlägern, Tischtennis- und Tennisschlägern, Zuspielen und Annehmen mit Hockeystöcken, das Prellball-spielen in partnerschaftlicher Form usw. und meinen dabei insbesondere solche Möglichkeiten, bei denen die technischen und durch Regeln vereinbarten Anforderungen auch in leistungsheterogenen Gruppen weitgehend erfüllbar sind.

Natürlich kann es auch in Wettbewerbsform zwischen einzelnen oder Gruppen darum gehen, möglichst lange im Spiel zu bleiben.

Abb. 28

Schaufensterpuppen

Phantasie und Kreativität sollen zum Ausdruck gebracht werden, wenn es heißt, ,,Schaufensterpuppen" zu stellen.

Die Spieler laufen zu Musikbegleitung im Spielfeld und bleiben beim Zuruf ,,Puppen" auf der Stelle, in einer bestimmten Position, unbeweglich stehen *(Abb. 28)*.

Zusätzliche Motivation ergibt sich aus der Aufgabe, Zweier- oder gar Dreier-Figurengruppen zu bilden und hierzu bei jedem Durchgang neuen Partnern zu begegnen.

Kettenzug

Alle Spieler stehen hintereinander mit gegrätschten Beinen. Jeder greift mit seiner rechten Hand durch die eigenen Beine nach hinten und faßt die linke Hand seines Hintermannes. Der letzte der Kette legt sich dann auf den Boden und zieht seine Vorderleute nach und nach, indem sich die Kette langsam rückwärts bewegt. Wenn schließlich alle hintereinander auf dem Boden liegen und sich nach wie vor dabei an den Händen halten, beginnt der letzte wieder mit dem Aufstehen. Er zieht wiederum einen nach dem anderen nach vorn mit hoch, bis alle wieder in der Ausgangsstellung stehen.

Man sollte es zunächst mit kürzerer Kette beginnen *(Abb. 29)*.

Förderband

Ein lange bekanntes und beliebtes Spiel unter diesem oder ähnlichem Name, das aufgrund seines kooperativen Charakters in dieser Sammlung nicht fehlen darf. Nur sollten wir es aus Sicherheitsgründen genau so spielen wie hier dargestellt.

Die Spieler bilden eng nebeneinanderstehend zwei sich gegenüberstehende Reihen, also eine Gasse, und geben ihrem Gegenüber mit festem Griff die

Abb. 29

40

Hände. Nun wird der jeweils letzte Spieler lang auf dem Rücken (!) liegend mit den Füßen voran (!) auf diesem Förderband der Hände entlangbefördert bis zum anderen Ende, wo man ihn aus dieser Rückenlage gut wieder auf die Füße stellen kann. Dort ergänzt er auf dieser Seite das Förderband und ist nun selbst mitverantwortlich für eine gute „Landung" des nächsten. In jedem Falle müssen alle Spieler gemeinsam bei der Beförderung und beim Absetzen mit der nötigen Vorsicht agieren, damit niemand zu Schaden kommt.

Abb. 30

Es wird immer enger

Wir haben etwa in der Zahl der Mitspieler Reifen auf dem Boden ausgelegt, die den Spielern gleichsam als Insel dienen. Alle laufen und springen von Reifen zu Reifen ohne den Boden dazwischen zu betreten.

Nun nimmt der Spielleiter einen Reifen nach dem anderen fort, so daß es immer schwieriger wird, sich zu bewegen und dabei keinen Reifen zu verlassen. Gemeinsames Ziel soll es sein, mit letztlich möglichst wenigen Inseln auszukommen, sich gegenseitig beim Schritt von Insel zu Insel zu helfen und zu halten (Abb. 30).

Natürlich können wir das Spiel auch als Gruppenwettspiel organisieren, um vielleicht den Anreiz noch zu erhöhen. Jedenfalls wird es ganz schön eng, wenn nur noch weniger als die Hälfte der ursprünglichen Reifenzahl vorhanden ist.

Schlangentanzen

Ein Gruppenspiel mit musikalischer Begleitung. Schlangen zu je sechs bis acht Spielern bewegen sich tanzend durch den Raum, wobei jeweils die Tanzbewegungen des Schlangenkopfes von den anderen Teilen der Schlange nachgeahmt werden. Wenn der Schlangenkopf nicht mehr vortanzen mag, schließt er sich hinten an, und der jeweils nächste ist als Kopf an der Reihe.

Aufstehen helfen

Gruppen von je acht bis zwölf Spielern probieren den „Aufstand" aus verschiedenen Positionen und unterschiedlichen Ausgangsstellungen. So kann man sich z. B. aus der Kreisaufstellung mit gefaßten Händen gemeinsam niedersetzen und wieder zum Stand kommen, sich gemeinsam in die Rücken- und auch Bauchlage begeben und wieder aufzustehen versuchen ohne die Hände zu lösen. Wir schaffen es auch, aus dem Innenschulterkreis mit den Händen auf den Schultern des jeweiligen Vordermannes abzusitzen, nach innen umzufallen und uns wieder bis zum Stand hochzuarbeiten.

Recht schwierig und deshalb auch besonders reizvoll ist es, in einem engen Außenstirnkreis mit eingehakten Armen gemeinsam niederzusitzen und gemeinsam wieder aufzustehen. Da kann es schon passieren, daß die ganze Gruppe durcheinanderpurzelt *(Abb. 31)*.

Abb. 31

Spiele mit dem Schwungtuch

Das Schwungtuch ist ein ideales Gerät für kooperatives Spielen in einer relativ großen Teilnehmergruppe, — ein Gerät zugleich zur Wahrnehmungsschulung und Bewegungsschulung bei hoher Motivationskraft für jung und alt.

— *Das große Rad*

  Die Spieler verteilen sich gleichmäßig um das Tuch und fassen es am Rand mit der rechten Hand. Das große Rad dreht sich, indem nun alle mit dem gestrafften Tuch immer schneller werdend im Kreis laufen. Auf ein Zeichen hin wird rasch die Griffhand gewechselt und in entgegengesetzter Richtung gelaufen.

— *Wellentreten*

  Alle sind wieder um das Tuch verteilt, halten es mit beiden Händen straff und gehen in die Hocke. Dicht über dem Boden werden nun durch leichte Auf- und Ab-Bewegungen mit dem Tuch tanzende Wellen erzeugt. Wer mag,

Abb. 32

darf durch die Wellen laufen und springen. Es muß nur darauf geachtet werden, daß stets genug „Wellenmacher" rund um das Tuch vorhanden sind *(Abb. 32)*.

— *Über den Teppich — unter den Teppich*

Alle Spieler stehen um das Tuch herum, das ausgebreitet am Boden liegt. Auf ein Zeichen hin sollen sie sich über das Tuch bewegen und mit ihrem Gegenüber den Platz tauschen; es soll verboten sein, mit den Füßen das Tuch zu berühren. Unter den Teppich bedeutet Platzwechsel unter dem Tuch hindurch ohne es wesentlich aus seiner Lage zu bringen.

— *Bälle auf dem Tuch*

Auf dem von allen Spielern straff gehaltenen und auf-ab-geschwungenen Tuch kann man leichte Bälle wie auf hohen Wellen tanzen lassen.

Mit gefühlvollen gemeinsamen Bewegungen des Tuches rollen wir einen Ball in der gewünschten Richtung, — z. B. nahe dem Rand im Kreis herum oder jeweils zu einem Spieler, dessen Name gerufen wurde, oder wir „steuern" mit dem Tuch so geschickt, daß zwei oder auch drei Bälle sich treffen und gemeinsam rollen.

Stets gilt es, sehr genau zu beobachten und die eigenen kontrollierten Bewegungen mit denen der anderen Spieler gut abzustimmen *(Abb. 33)*.

Ein bewegtes Spiel ergibt sich auch, wenn ein oder mehrere Spieler unter dem Tuch versuchen, den oder die Bälle durch Schlagen von unten vom Tuch zu befördern, während die Spieler am Tuch dies zu verhindern suchen.

— *Der große Fallschirm*

Wenn wir das Tuch in gemeinsamer Bewegung mit einem kräftigen Zug vom Boden über Kopf hochziehen, bildet sich darunter ein herrliches Luftkissen wie bei einem Fallschirm.

Es macht Spaß, dann in der Mitte zusammenzulaufen und das Tuch langsam über sich herabschweben zu lassen *(Abb. 34)*.

Abb. 33

Abb. 34

Abb. 35

Wir haben bei einem besonders hochgeschwungenen Tuch auch genug
Zeit, darunter hindurchzulaufen, mit unserem Gegenüber den Platz zu tau-
schen und dort das Tuch wieder aufzufangen. Dabei müssen allerdings die
Spieler an den Ecken an ihren Plätzen bleiben und dürfen nicht loslassen,

weil das Tuch sonst auf dem Luftpolster nach einer Seite abrutscht. Probiert das mal aus! *(Abb. 35).*

— *Gespenster*

Durch entsprechende Bewegungen unter dem Tuch kann man herrlich „Gespenster" spielen.

Mit Phantasie kann man auch große Tiere oder sonstige Gebilde darstellen, wenn alle unter dem Tuch gut zusammenwirken *(Abb. 36).*

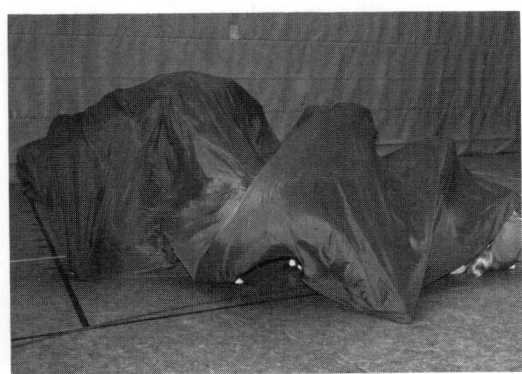

Abb. 36

In dunkler Nacht

Wir legen auf dem Boden des Spielraumes mit nicht zu geringen Abständen Gymnastikreifen aus, in die sich je zwei Schüler hineinstellen. Einer der beiden bekommt die Augen verbunden. Er vereinbart mit seinem Partner ein akustisches Zeichen, mit dessen Hilfe es später gelingen soll, sich wiederzufinden. Auf ein Signal des Spielleiters hin tauschen die sehenden Spieler untereinander ihre Reifenplätze und versuchen dann, ihre ursprünglichen Spielpartner wieder zu sich zu rufen. Natürlich muß man sich mit Vorsicht orientieren, weil es in der Dunkelheit ja Zusammenstöße geben kann.

Nach mehreren Durchgängen werden die Rollen gewechselt *(Abb. 37).*

Reifenwanderung

Je ca. acht bis zehn Spieler bilden einen Kreis und fassen sich an den Händen. An einer Stelle des Kreises haben sich zwei Spieler durch einen Gymnastikreifen hindurch die Hände gereicht.

Spielaufgabe ist es nun, daß ein Spieler nach dem anderen durch den Reifen steigt, der Reifen also stets etwa an der gleichen Stelle verbleibt, während die Spieler langsam im Kreis wandern. In einer Variante ist die Ausgangsposition ein sitzender Kreis. Hier soll nun der Reifen von einem Spieler zum anderen wandern, ohne daß die Hände gelöst werden; es darf auch jeweils nur der Spieler kurz aufstehen, der sich gerade durch den Reifen windet *(Abb. 38—39).*

Abb. 37

Abb. 38

Abb. 39

Du bist mein Partner

Einige spielerische Aufgaben für Zweiergruppen.

— „Aufstand"

Die beiden Spieler fassen sich mit Blick zueinander an den Händen, setzen sich gemeinsam ab und stehen mit gegenseitiger Hilfe wieder auf. So kann man sich auch auf den Bauch und auf den Rücken legen und gemeinsam wieder aufzustehen versuchen.

Die Partner stehen mit den Rücken zueinander, haken die Arme ein, setzen sich ab und proben den „Aufstand". Beide klemmen einen Strandball oder Luftballon zwischen sich ein und verändern in verschiedener Weise ihre Positionen *(Abb. 40—42)*.

— *Strandballtanz*

Die Spieler tanzen mit einem zwischen sich eingeklemmten Strandball zur begleitenden Musik.

Abb. 40

Abb. 41

47

— **Balanceakt**

Beide Partner balancieren auf je einem Medizinball oder Wackelbrett oder Stück PVC-Rohr und halten sich gegenseitig an den Händen. Mit Geschick kann man mit dem Partner den Ball usw. tauschen ohne herunterzufallen *(Abb. 43)*.

— **Im Gleichgewicht**

Beide stehen sich gegenüber, berühren sich mit den Fußspitzen und halten sich an den Händen. Wenn sie sich nun behutsam gleichzeitig zurücklehnen, läßt sich das Gleichgewicht gut ausbalancieren *(Abb. 44)*.

— **Schattenlaufen**

Ein Spieler läuft dicht hinter seinem Partner her und imitiert alle seine Bewegungen, die er beim Laufen ausführt.

— **Erwachen vor dem Spiegel**

Ein Spieler steht zunächst unbewegt vor seinem Mitspieler, der ihm gleichsam als Spiegel dient. Er beginnt nun beim Einsetzen von Musik langsam

Abb. 42

Abb. 43

zu erwachen und einzelne Körperteile nacheinander im Rhythmus der Musik zu bewegen. Der Spiegelspieler soll alle Bewegungen möglichst exakt nach- und mitmachen.

— *Stabbalance*

Beide Spieler tragen in jeder Hand einen Gymnastikstab und benutzen sie wie Schienen vor dem Körper. Auf den beiden Stäben kann man einen dritten Stab oder auch einen leichten Ball jonglierend hin- und herrollen und sie auf die Stäbe des Partners übergeben oder sogar leicht dosiert hinüberwerfen *(Abb. 45)*.

— *Zuspielen*

Alle Formen und Möglichkeiten des Zuspielens, Zuwerfens, Zurollens, Zuprellens, Zupritschens usw. mit Bällen aller Art, Tennisringen, Frisbeescheiben, Federbällen, Reifen, Indiaca, Papierfliegern etc.

Dabei soll es gezielt nicht darum gehen, den Mitspieler auszumanövrieren, sondern darum, das Spiel in Gang zu halten, sich also so auf den Partner einzustellen, daß ihm Annahme und Rückspiel möglich sind.

Abb. 44

Abb. 45

— Vertrauen

Einem der beiden Spieler sind die Augen verbunden. Sein Partner führt ihn an der Hand oder am Seil oder mit einem Gymnastikstab um und über Hindernisse; der Partner führt ihn mit zwei oder nur mit einem Finger am Rücken; der Partner führt ihn nur durch Kontakt über die Zeigefingerspitzen; der Partner führt ihn nur mit Lauten oder Worten; der Partner läßt ihn allein und ruft ihn aus größerer Entfernung zu sich *(Abb. 46—47).*

Abb. 46

Abb. 47

— Verwringen

Die beiden Spieler stehen sich gegenüber und reichen einander die rechte Hand. Nun schwingt einer sein rechtes Bein über den Kopf seines Partners und dreht sich so, daß er gegrätscht über seinem eigenen Arm steht. Der andere Spieler schwingt entsprechend sein linkes Bein über den Kopf seines Partners. Beide stehen nun Rücken an Rücken und haben sich unter den Beinen an der Hand gefaßt. Spieler 1 bringt nun sein linkes, Spieler 2 sein rechtes Bein zurück, so daß beide wieder in der Ausgangsposition stehen und sich anschauen *(Abb. 48).*

Abb. 48 · Abb. 49

— **Gemeinsam rollen**

Die Spieler probieren verschiedene Möglichkeiten, gemeinsam auf dem Boden oder auf Matten zu rollen.

— **Vierfüßler**

Ein Spieler steht eng hinter seinem Partner und legt seine Arme um dessen Vorderseite. Beide versuchen nun, miteinander zu gehen oder sogar zu laufen und Hindernisse zu überwinden *(Abb. 49)*.

Oase des Glücks

Als Oase des Glücks wollen wir die offene Spielsituation bezeichnen, jenen freien Spielraum also, in dem es keine Vorwegbestimmtheit strukturierter Spielaktionen und fester Regelungen geben soll, sondern Selbstbestimmung, Kreativität und Produktivität, selbstgesteuerte Kooperation und Kommunikation der Spieler.

Dies bedeutet konkret, daß wir innerhalb eines gemeinsam vereinbarten Spielbereiches nach den Gesichtspunkten der Altersangemessenheit, des Interesses und Anreizes, der Variabilität, Mehrfunktionalität und Gestaltbarkeit Spiel- und Sportmaterialien zur freien Verfügung stellen. Wir meinen z. B. Bälle, Luftballons, Reifen, Springseile, diverse Schläger, Tennisringe, Rollschuhe, Stelzen, Kugeln usw., wir meinen aber auch das weniger Genormte und Übliche, — also Autoreifen und -schläuche, Kartons und Kisten, Styroporelemente und Bretter, Büchsen und Becher, Tücher, Decken, abgelegte Kleider usw.

Das Angebot offener Handlungssituationen beinhaltet also die Möglichkeit und zugleich Provokation, innerhalb des Handlungsspielraumes über das eigene Handeln weitgehend frei zu verfügen. Dabei muß es die Bedingung erfüllen, durch ein passendes Verhältnis von Neuigkeitsreiz und Anforderung zum Handeln zu motivieren.

51

Es geht grundsätzlich von der Annahme einer aktionalen Grunddisposition, einem Grundbedürfnis zum frei spielenden Umgang mit den Dingen und den Spielpartnern aus.

Offene Spielsituationen sollen und wollen die freie Spiel- und Erfahrungswelt des Kindes fortsetzen bzw. ersetzen und ergänzen. In ihnen ergeben sich vielfältige Möglichkeiten des Rollenspiels, Möglichkeiten des Experimentierens mit sozialen Interaktionsformen als selbstbestimmte und freigewählte Verhaltensäußerungen, deren Ergebnis man auf sich selbst zurückführen muß. Sie sind ganz gewiß auch geeignet, Prozesse der Stigmatisierung und Etikettierung zu vermeiden, weil sie keine genormten Leistungsziele setzen und zugleich auch Schonräume bieten können, wo diese gesucht werden. Natürlich beinhalten offene Handlungssituationen auch Dispositionen zum Konflikt. Seine Bewältigung sollte jedoch innerhalb der Spielgruppe selbstgesteuert möglich sein als Ergebnis gruppendynamischer Prozesse und selbstregulierten Verhaltens.

Im selbstbestimmten Spiel aktualisiert sich ein Stück Freiheit, und Freiheit macht glücklich (Abb. 50).

Abb. 50

Spieglein, Spieglein

Bewegungsphantasie und Spontanität einerseits sowie Beobachtungs- und Anpassungsfähigkeit andererseits sind gefordert, wenn es darum gehen soll, möglichst vielgestaltige Bewegungsformen eines „Vormachers" gleichsam wie dessen Spiegelbild synchron nach- und mitzumachen.

Bei beliebiger Gruppengröße nimmt also je ein Hauptspieler Position vor seinen Mitspielern und agiert nun wie ein Pantomime in seinen Spiegel hinein.

Kinder muß man gelegentlich besonders darauf hinweisen, daß sie ihre Bewegungen möglichst eindeutig ausführen sollen und nicht zu rasch wechseln, damit die Spiegelspieler ihre Aufgabe auch erfüllen können.

Die Vergabe und der Wechsel der Hauptspielerrolle sollten nicht zuletzt unter pädagogischen Gesichtspunkten erfolgen.

Die sehr unterschiedliche Fähigkeit, sich ohne vorgegebene Bewegungs- aufgabe vor anderen motorisch zu präsentieren, wird bei diesem Spiel beson- ders deutlich. Insofern ist es ebenso eine Herausforderung an die eigene Selbstsicherheit, wie an die soziale Akzeptanz der Mitspieler gegenüber ihrem Vorspieler.

Sportpantomime

Partner sollen sich zusammenfinden und das gemeinsame Ziel verfolgen, sich pantomimisch in verschiedene sportliche Aktionsweisen hineinzuvertiefen und sie intensiv auszuspielen.

Wir schlagen als Anregungen vor, z. B. Tischtennis zu spielen, sich mit Kopf und Fuß den Fußball zuzuspielen, miteinander zu fechten, gegeneinander Tau zu ziehen usw.

Allemal ist die Bereitschaft gefordert, sich motorisch auszudrücken und darzu- stellen, sowie den Partner zu beobachten und sich mit ihm über den Körper und seine Bewegungen in einem besonderen Spannungsverhältnis auseinan- derzusetzen. Dabei werden die Bewegungsformen sehr unterschiedlich aus- fallen und einerseits aus dem vorhandenen aufgabenspezifischen Könnens- potential, andererseits aus dem Nachahmungsvermögen hergeleitet werden.

Wir empfehlen im Verlauf des Spielens mehrfache Partnerwechsel.

Urtiere

Drei Menschen stehen und bewegen sich normalerweise auf zusammen 6 Bei- nen.

Als harmonische Dreiergruppe kann man aber auch ganz andere Möglichkei- ten finden, gemeinsam drei Körper zu tragen und sich vielleicht so auch fortzu- bewegen; also z. B. auf drei Füßen und zwei Händen oder auf vier Händen und zwei Füßen usw.

Die Gruppen sollten sich solche Vorschläge selbst ausdenken, sie erproben und dann als Aufgabe für alle stellen. Da kommen höchst seltsame ,,Urtiere'' zu- stande, wenn Phantasie entwickelt und störungsfrei kooperiert wird (Abb. 50 a).

Abb. 50 a

Hände und Füße auf den Tisch

Dieser Spielvorschlag ist auch besonders geeignet für die kleine Bewegungspause im Klassenzimmer, wo wir es mit den Tischen wörtlich nehmen können.

In der Sporthalle sollen Matten oder auch Gymnastikreifen am Boden liegend die Tische ersetzen, um die herum sich je zwei oder drei Spieler gruppieren. Sie müssen sich für dieses Spiel auf ihre Körperteile konzentrieren und die ihrer Mitspieler gedanklich einbeziehen.

Der Spielleiter fordert die Gruppen dazu auf, einzelne und dann immer mehr Körperteile auf die Tische zu legen, andere wieder abzuräumen, weitere hinzuzutun usw.; also z. B. pro Gruppe 13 Finger, einen Fuß, zwei Nasenspitzen, ein Knie oder ähnlich. Das erfordert Aufmerksamkeit, Geschicklichkeit, Beweglichkeit und vor allem funktionierende Abstimmung unter den Partnern. Es macht auch viel Spaß, weil dabei herrlich verknotete Figuren entstehen können.

Ein zusätzlicher Spielanreiz mit einem gewissen Wettbewerbscharakter könnte mit der Zielsetzung gegeben sein, beim aufgabengerechten Abräumen im rechten Moment den Tisch auch frei zu haben. Natürlich muß der Spielleiter seine Aufgabenstellungen dazu gut vorbereiten.

Als eher schülerorientierte Form bietet sich z. B. eine Spielgestaltung an, bei der jede Gruppe sich eine möglichst schwierige, aber durchführbare Aufgabe ausdenkt und sie aufschreibt. Jeweils auf Signal sollen die Zettel dann als Auftrag von Gruppe zu Gruppe getauscht werden (Abb. 50 b).

Abb. 50 b

Schlaffe Puppen

In Partnerform oder Kleingruppen soll erlebt und erfahren werden: ich kann meinen Körper völlig entspannen, ihn ganz schlaff machen, und du darfst mit ihm spielen wie mit einer abgelegten Marionettenpuppe; du kannst meine Arme und Beine bewegen, wie und soweit es die Gelenke zulassen, du kannst mich drehen, aufrichten, heben, zusammenrollen usw. In der Kleingruppe macht es besonderen Spaß, zwei oder mehrere schlaffe Puppen zu verschiedengestaltigen Figuren zusammenzuordnen, zu „verknoten" und wieder zu verändern.

Unverzichtbare Voraussetzung für das Spielen mit „schlaffen Puppen" und die damit verbundenen wertvollen kognitiven und sensitiven Körpererfahrungen ist die absolute und vertrauengebende Disziplin der Spieler, also das bewußte Bemühen, dem Partner durch einfühlsamen Umgang mit seinem Körper niemals wehzutun. Deshalb sollten sich die Spielpartner bzw. -gruppen möglichst nach eigener Entscheidung zusammenfinden dürfen.

Die verknotete Schlange

Beliebig viele Mitspieler fassen sich als Kette an den Händen und nehmen sich fest vor, die Handfassung bis Spielende nicht mehr zu lösen.

Das eine Ende der Kette wird zum Schlangenkopf, der nun genauso, wie man es bei einer richtigen Riesenschlange beobachten kann, den Schlangenkörper ineinander verknotet; d. h. der Kopfspieler steigt beliebig über gefaßte Hände hinüber, geht an anderen Stellen unter ihnen hindurch und zieht die anderen Mitspieler nach. Wenn es dann irgendwann nicht mehr weitergeht, muß man in gemeinsamer Geschicklichkeit und Sorgfalt versuchen, den Knoten wieder zu lösen, ohne dabei die Hände loszulassen. (Ähnlich: Gordischer Knoten (27), Spinnennetz (31).)

Natürlich ist es bei kleineren Schlangen zunächst leichter und mit je einem Tennisring zwischen den Händen auch sicherer, die Verbindungen zu halten.

Im Schwungseil

Ein altes und früher sehr beliebtes Kinderspiel, das ein wenig in Vergessenheit geraten ist bzw. vom „Gummitwist" verdrängt wurde. Es wird aber immer wieder gern angenommen, weil es an alle Beteiligten besondere Anforderungen stellt und diese mit zunehmender Übung variiert und gesteigert werden können.

Die eigentlichen Beweger des Spiels sind zwei Schwinger, die ein längeres Seil an den beiden Enden gefaßt vertikal schwingen und dabei rhythmisch gut zusammenwirken müssen. Die anderen Spieler haben sich durch aufmerksame Beobachtung und mit ihren Bewegungen anzupassen und einzufügen.

Da kann man zunächst den erfolgreichen Weg suchen und erproben, unter dem geschwungenen Seil hindurchzulaufen, ohne es zu berühren, z. B. in Achterlinien um die Schwinger herum, jeder allein oder angefaßt zu zweit, zu dritt. Und da reizt die Aufgabe, geschickt in das geschwungene Seil „hineinzulaufen" und darin zu springen, wiederum jeder allein oder angefaßt mit Sprungpartnern.

Wichtig ist, daß hier kein Wettbewerb zwischen Schwingern und Springern entsteht, weil damit der eigentliche sensomotorisch-kommunikative und kooperative Charakter und folglich das harmonische Gelingen zerstört wird. Wettbewerb kann sich mit dem Spielgedanken nur dann vertragen, wenn zwei oder mehrere Schwungseilgruppen um möglichst viele erfolgreiche Durchläufe oder Sprünge wetteifern.

3.2 Kooperative Spiele und Spielformen mit Anreiz zum Wetteifern

Pferde, Esel und Kamele

Ein kleines Laufspiel für eine große Teilnehmerzahl.

Ungefähr je ein Drittel sollen sich später auf ein entsprechendes Signal hin in Pferde oder Esel oder Kamele verwandeln dürfen. Dies wird vor Spielbeginn verabredet.

Mit Handtrommelbegleitung oder auch Musik laufen und springen alle Spieler im Spielraum durcheinander. Auf Zuruf oder auch optisches Signal verwandelt sich eine Gruppe rasch z. B. in Esel und kauert sich nieder in die Kniebank. Alle anderen bemühen sich möglichst schnell um einen Platz auf dem Eselrücken; je ein Reiter ist natürlich nur erlaubt. Wer nicht schnell genug war, muß es beim nächsten Durchgang versuchen, wenn sich z. B. die Pferde oder Kamele als Reittiere anbieten. Es kommt also darauf an, möglichst oft bei den anderen einen Platz im „Sattel" zu erobern.

Bei raschem Wechsel kann dieses Spiel lebendig werden und beträchtliche Anforderungen an Reaktion und Schnelligkeit stellen *(Abb. 51)*.

Freundschaftliches Drängeln

Die Weichbodenmatte ist ein besonders beliebtes Gerät in der Sporthalle. Drängeln macht besonders viel Spaß, wenn sie von den Spielern dicht besetzt ist. Man darf sich auf der Matte nur auf allen vieren fortbewegen, also die Hände nicht zum Ziehen oder Schieben benutzen. Drängeln heißt also, sich gegenseitig krabbelnd mit den Schultern von der Matte zu schieben bzw. sich selbst möglichst lange auf der Matte zu behaupten. Spieler, die heruntergepurzelt

Abb. 51

sind, dürfen natürlich sofort wieder auf die Matte zurückkehren und weiterdrängeln *(Abb. 52).*

Abb. 52

Memory

Auf dem Boden des Spielraumes sind mehr oder weniger viele Zahlentafeln oder Tierbildkarten oder sonstige Bilder etc. weit verteilt ausgelegt. Die Spieler erhalten einige Minuten Zeit, sich zu orientieren und sich deren Lage einzuprägen.

Alsdann werden die Tafeln umgelegt und sollen nun nicht mehr identifizierbar sein. Die Spieler bewegen sich nun laufend und hüpfend zwischen den Tafeln und müssen auf Zuruf durch den Spielleiter die richtige Tafel finden und sich dort hinsetzen. Jeder Spieler mag sich bei richtiger Lösung einen Punkt merken.

Bei gesteigerter Zahl von Tafeln und ggf. gemischten Symbolen, — also bei erhöhter Schwierigkeit — macht es auch viel Spaß, sich in kleinen Gruppen um die Lösungen zu bemühen und dabei die Meinungen aufeinander abzustimmen *(Abb. 53).*

Abb. 53   *Abb. 54*

Brückenwächter

Für dieses Lauf- und Fangspiel markieren wir quer durch die Mitte des verein-barten Spielraumes eine ,,Brücke" (z. B. Mattenreihe oder Linien), die anfangs von nur einem ausgewählten Wächter bewacht werden soll. Die anderen Spie-ler wollen ständig von einer Spielfeldseite zur anderen laufend diese Brücke überqueren, — möglichst ohne vom Brückenwächter gefangen zu werden.

Gefangene Spieler bleiben auf der Brücke und helfen dem Wächter bei seiner Arbeit.

Das Spiel endet, wenn der letzte ,,Überläufer" gefangen wurde.

Um das Spiel etwas längerdauernd zu gestalten, kann man vereinbaren, daß sich nur der erste Brückenwärter frei bewegen darf, die gefangenen Spieler aber auf der Brücke nur im festen Stand als Abschläger mitwirken dürfen *(Abb. 54)*.

Pferde und Reiter

Die Spielteilnehmer werden in eine Gruppe der Pferde und eine Gruppe der Reiter eingeteilt, wobei es für diese erste Version des Spiels ein Pferd weniger sein soll. Die Pferde bilden einen Kreis und knien mit Blick zur Mitte nieder. Die Reiter laufen außen um die Pferde herum und erwarten das Stichwort ,,auf die Pferde". Ein Reiter bleibt schließlich ohne Pferd, während die anderen einen Platz auf den Pferderücken gefunden haben. Beim nächsten Durchgang wird er sicher besonders schnell reagieren.

Eine für jung und alt besonders reizvolle Variante erfordert erhöhte Aufmerk-samkeit und Gedankenschnelligkeit.

Wiederum bildet eine Gruppe die Pferde, auf denen nun die Reiter bereits Platz genommen haben. Ein Pferd soll frei-, ein Reiter übrigbleiben. Dieser Reiter, der das Spiel gegenüber dem freien Pferd außerhalb des Kreises beginnt und nur außen herumlaufen darf — Richtungswechsel ist natürlich erlaubt — möch-te ebenfalls ein freies Pferd besetzen. Die anderen Reiter versuchen, dies durch geschickten Pferdewechsel zu verhindern. Hat er ein Pferd erwischt, wird derjenige zum Läufer, der dies ,,verschuldet" hat. Er beginnt wiederum ge-genüber dem einen freien Pferd außerhalb des Kreises *(Abb. 55)*.

Hasen und Jäger

Dieses Spiel kann in vielen Varianten gespielt und immer wieder modifiziert werden.

Wir schlagen eine Form vor, in der Kooperation eine besondere Rolle spielen kann.

Die Spieler werden hierzu in eine Gruppe der Jäger und eine der Hasen einge-teilt; als Spielgerät empfehlen wir einen großen Softball. Die Jäger werden im ganzen Spielraum verteilt und müssen an festen Standorten (z. B. in Gym-

Abb. 55

nastikreifen) bleiben. Sie versuchen, die freilaufenden Hasen mit dem Ball zu treffen. Das wird nur dann gelingen, wenn sie sich den Ball auch untereinander zuspielen und günstige Wurfpositionen schaffen. Getroffene Hasen kauern nieder, dürfen aber von anderen Hasen durch einen Klaps auf den Rücken wieder „befreit" werden.

Nach einer vereinbarten Spielzeit werden die Rollen getauscht.

Verzaubern

Ein Lauf- und Fangspiel mit guten Chancen für jeden Spieler. Je nach Anzahl der Mitspieler werden einige als Fänger (Zauberer) bestimmt oder ausgewählt, die mit einem Tuch o. ä. sichtbar gemacht sind und denen das Tuch als „Zauberstab" dient.

Sie versuchen, die anderen zu fangen und durch Berührung mit dem Tuch zu verzaubern. Verzauberte Spieler bleiben auf der Stelle mit weit gegrätschten Beinen stehen. Sie können aber wieder entzaubert werden und erneut fortlaufen, wenn ein noch freier Spieler durch ihre gegrätschten Beine hindurchkriecht. Spielleiter und Spieler müssen aus dem Spielverlauf ableiten, ob die gewählte Zahl der Fänger geeignet war und zu welchem Zeitpunkt neue Fänger eingesetzt werden sollten (Abb. 56).

Familienspiel

Das Familienspiel eignet sich für Teilnehmerzahlen zwischen ca. 12 und ca. 30 Spielern. Spielgedanke ist, daß sich auf ein Signal hin möglichst schnell Familien zusammenfinden, deren Mitglieder sich zuvor nicht kannten.

Wir gehen für diese Spielbeschreibung von 20 Spielern aus, die schließlich vier Familien mit den Mitgliedern Vater, Mutter, Sohn, Tochter und Hund bilden sollen. Unsere Familien heißen gut schwäbisch Bäuerle, Häberle, Pfleiderer, Schäufele und Knöpfle. Für jeden Spielteilnehmer ist ein Kärtchen vorzuberei-

59

Abb. 56   Abb. 57

ten, auf dem die Zugehörigkeit zu einer dieser Familien niedergeschrieben ist,
— also z. B. Sohn Bäuerle, Vater Häberle, Hund Knöpfle usw.

Vor dem entsprechenden Signal zur Familienfindung laufen alle Spieler mit
ihrem verdeckt gehaltenen Kärtchen durcheinander und tauschen diese mehrfach mit Mitspielern aus. Auf den Zuruf „Familientreffen" versuchen sich alle
Mitglieder jeder Familie rasch zusammenzufinden. Ziel soll sein, sich in der
Reihenfolge Vater-Mutter-Sohn-Tochter-Hund einander auf den Schoß zu
setzen.

Da gibt es ein munteres Gestikulieren, Rennen und Rufen, bis man sich richtig
orientiert und zugeordnet hat *(Abb. 57)*.

In einer Variante kann man dieses Spiel z. B. auch als Tierfamilienspiel gestalten. Hierzu werden also entsprechende Tierbilder verteilt (z. B. Quartettkarten),
und gleiche Tiere sollen sich auf ein Signal zusammenfinden. Dabei können
die Verständigungsmöglichkeiten z. B. auf Tierlaute, Fortbewegungsformen,
Hochhalten der Karten usw. eingeschränkt werden.

Zahlen und Formen legen

Es eignen sich Spielergruppen von ca. vier bis acht Spielern, die jeweils versuchen sollen, möglichst schnell und möglichst exakt an der Tafel vorgezeichnete
Formen, Zahlen, Symbole usw. mit ihren Körpern am Boden nachzulegen.

Es ist gute Kommunikation und schnelles Reagieren nötig, wenn man sich
rasch auf die richtigen Positionen einigen will. Dabei zeigt sich häufig, daß die
spontane Übernahme der Rolle eines organisierenden und steuernden Spielers besonders erfolgreich ist *(Abb. 58—59)*.

Haltet das Feld frei

Dies ist ein lange bekanntes und bei allen Altersgruppen immer wieder beliebe
tes Spiel, das schnell organisierbar ist und sehr viel Bewegung bringt.

Abb. 58

Abb. 59

Der verfügbare Spielraum wird durch Markierung in zwei Hälften geteilt und von je der Hälfte der Spieler besetzt. Jeder Spieler bringt ein oder mehrere Spielgegenstände, — z. B. Bälle, Tennisringe, Bohnensäckchen usw., — mit, so daß bei Spielbeginn auf jeder Seite etwa gleich viel „Material" vorhanden ist. Mit einem Signal beginnend wird nun laufend versucht, soviele Gegenstände wie möglich in das Feld des „Gegners" zu werfen mit dem Ziel, schließlich bei Spielabpfiff nach einigen Minuten weniger auf der eigenen Seite zu haben als die anderen.

Erfolgreich ist nicht immer die Gruppe mit den einsatzfreudigsten Einzelspielern, sondern oft auch die, bei der sich aus taktischen Überlegungen Kooperation auf der Basis von „Arbeitsteilung" ergibt und bewährt.

Ich suche Hilfe bei dir

Dies ist eine Form der vielen möglichen Fangspiele, — hier mit der besonderen Möglichkeit zur Kooperation und zum Körperkontakt. Ein oder auch mehrere Fänger sind gekennzeichnet durch ein getragenes Tuch oder eine Mütze etc.

61

Sie dürfen jeden Spieler abzuschlagen versuchen, den sie allein laufend im Spielfeld antreffen. Der Abgeschlagene wird dann zum Fänger. Man kann Hilfe suchen und sich damit vor dem Abschlag schützen, wenn und solange man einen Mitspieler umarmt.

Um den Spielfluß zu gewährleisten und jedem Fänger gute Chancen zu geben, sollte die Regel vereinbart sein, jeweils auf ein akustisches Signal des Spielleiters hin die Umarmung zu lösen (Abb. 60).

Atome-Spiel

Ein bei jung und alt lange beliebtes Spiel, das sich schnell organisieren läßt und an keine materiellen oder besonderen räumlichen Bedingungen geknüpft ist.

Die Spieler gehen oder laufen zur Handtrommel oder Musik im Spielraum und finden sich auf Signal (Zuruf oder optisches Signal) zu zweit, dritt oder viert usw. zusammen. Jeder Spieler bemüht sich, dabei möglichst schnell zu reagieren, weil bei bestimmten Gruppierungen naturgemäß der eine oder andere übrigbleibt.

Sofern die materialen Voraussetzungen gegeben sind, sollten Varianten in der Fortbewegungsform zur abwechslungsreichen Belebung führen; — z. B. Fortbewegung auf Teppichfliesen oder auf Rollschuhen.

Eine Veränderung, die das Spiel etwas komplizierter und anspruchsvoller macht, läßt sich dadurch schaffen, daß jeder Spieler in der linken oder in der rechten Hand einen Tennisring, einen Staffelstab oder ein Parteibändchen trägt. Da passen dann nur solche Atome zusammen, bei denen die Verbindungen ,,stimmen'', d. h. wo z. B. eine freie linke Hand einen Stab in der rechten Hand eines Partners fassen kann usw.

Wenn für jeden Spieler ein Rollbrett vorhanden ist, macht das Atomespiel mit diesen Geräten besonderen Spaß. Man kann sich im Sitz oder auch in der

Abb. 60

62

Abb. 61

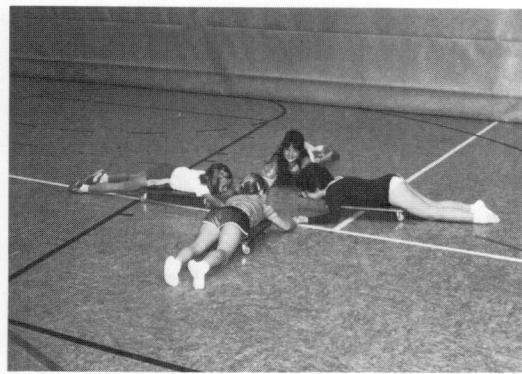

Abb. 62

Bauchlage fortbewegen und sich entsprechend zusammenfinden. Beim Rollen in der Bauchlage erinnern die Gebilde an Formationen beim Fallschirmspringen *(Abb. 61—62).*

Ein Reifen ist frei

Für dieses Spiel benötigen wir mindestens einen Gymnastikreifen mehr, als Spieler teilnehmen.

Die Reifen werden im Kreis ausgelegt; jeder Spieler stellt sich in einen Reifen. Spielgedanke ist, daß ein Mitspieler, der sich innerhalb des Kreises aufhält und in alle Richtungen laufen darf, den einen freigebliebenen Reifen ,,gegen den Willen" der anderen Spieler besetzen soll. Die anderen Spieler versuchen, dies durch laufenden Reifenwechsel zu verhindern.

Es muß vereinbart werden, ob sie sich dabei vor und zurück oder nur in einer Richtung bewegen dürfen. Ebenso ist zu vereinbaren, wer jeweils als nächster zum Läufer wird.

Um die Chancen für den Läufer zu erhöhen und damit einen schnelleren Wechsel zu erreichen, empfehlen wir, zwei oder auch drei Reifen freizulassen.

Fuchs und Hase

Für dieses Wanderballspiel schlagen wir zwei Varianten vor. Zu einer einfacheren Spielform stellen sich die Spieler in einem Innenstirnkreis auf. In diesem Kreis sollen zwei Bälle von Hand zu Hand wandern, — der eine Ball ist der Fuchs, der andere ist der Hase. Sie beginnen ihren Wettlauf bei voneinander entfernt stehenden Spielern. Natürlich dürfen sie nur in eine Richtung rennen. Wenn der Fuchs den Hasen gefangen hat, kann es im Kreis andersherum neu beginnen *(Abb. 63)*.

Die Spielerrollen sind eindeutiger verteilt, das Spiel darum auch interessanter, wenn zwei ineinanderstehende Kreise mit Blick der Spieler zueinander gebildet werden. Im Innenkreis läuft der Hase, im Außenkreis der Fuchs bzw. umgekehrt. Jetzt dürfen die Laufrichtungen beider beliebig verändert werden, jetzt kann man fintieren und taktisch spielen. Es bleibt aber bei der Vereinbarung, daß die Bälle stets dem direkten Nachbarn weitergegeben werden müssen.

Abb. 63

Henne und Habicht

Dieses Spiel findet sich seit langem in allen Spielbüchern unter diesem oder ähnlichen Namen.

Ein Spieler wird als erster Habicht ausgewählt, die anderen bilden eine Kette mit fester Handfassung. Der erste Spieler dieser Kette ist die Henne, die gemeinsam mit allen anderen in der Kette das jüngste Küken — der letzte Spieler der Kette — vor dem Abschlagen durch den Habicht schützen will. Alle Spieler müssen also gemeinsam auf die Absichten des Habichts reagieren und versuchen, das Küken durch geschickte Bewegungen der Kette möglichst sicher abzuschirmen *(Abb. 64)*.

Abb. 64

Wenn es dem Habicht schließlich gelungen ist, sein Ziel zu erreichen, kann der Rollenwechsel so erfolgen, daß die Henne zum Habicht und der Habicht zum Küken wird.

Es empfiehlt sich, dieses Spiel zunächst mit kleineren Spielgruppen zu beginnen. Als Kettenglieder zwischen den Spielern haben sich Tennisringe sehr bewährt.

Lebendes Puzzle

Für unser Puzzle-Spiel müssen Karten vorbereitet werden, auf denen Strichmännchen oder Strichtiere usw. aufgezeichnet sind. Jede Karte zeigt das gleiche Gesamtbild, allerdings soll auf jeder Karte ein anderer Körperteil besonders hervorgehoben sein, den ein Spieler schließlich zu „verkörpern" hat. Man hat also bei der Spielvorbereitung die Zahl der Spielteilnehmer genau zu beachten.

Am Beginn des Spiels laufen alle Spieler mit je einer Puzzle-Karte versehen zu Musik- oder Trommelbegleitung umher, bis auf ein Zeichen hin möglichst schnell auf dem Boden das ganze Bild entstehen soll. Für die nächsten Durchgänge werden einfach die Karten unter den Spielern ausgetauscht *(Abb. 65)*.

Abb. 65

Dieses Spiel ist natürlich auch als Gruppenwettspiel organisierbar, wenn entsprechend die Puzzle-Karten vorbereitet werden. Da gibt es entweder die Möglichkeit, die Spieler vorab in Gruppen einzuteilen und ihnen die Karten für je ein Gruppenbild auszugeben oder die Möglichkeit, ohne Spielergruppierung Karten für zwei oder drei Bilder bereitzustellen, so daß diejenigen dann Gewinner werden können, die mit ihrem Bild zuerst fertiggeworden sind. Insbesondere diese letzte Form des Spiels erfordert viel Übersicht und Anpassungsfähigkeit.

Im Zoo

Wir benötigen für dieses Spiel lediglich Gymnastikreifen, — einen weniger als Mitspieler beteiligt sind.

Die Spieler sitzen in je einem Reifen im großen Kreis oder im Rudel. Sie werden in verschiedene Tiere „verwandelt", — z. B. in Affen, Bären, Löwen, Giraffen, Zebras usw.

Ein Spieler ist Zoobesucher und erzählt laut, daß er am liebsten die . . ., . . ., besuchen möchte, Daraufhin müssen die genannten Tiere sofort ihre Reifen verlassen und schnell in je einen anderen freiwerdenden Reifen wechseln. Aber auch der Zoobesucher versucht nun, einen der freiwerdenden Reifen zu erobern. Gelingt ihm das, wechselt er mit dem übrigbleibenden Spieler die Rollen Tier und Zoobesucher.

Alle Spieler müssen also jederzeit aufmerksam sein, schnell reagieren, sich richtig orientieren und geschickt beim Reifenwechseln agieren.

Hasentreibjagd

Für die Hasentreibjagd werden mehrere Gruppen zu je sechs bis acht Spielern gebildet, die möglichst mit Parteibändchen gekennzeichnet sein sollten. Die Gruppen wählen jeweils einen Spieler als Hasen aus, die anderen spielen Jäger und fassen sich zu Ketten an der Hand. Nun beginnt die Treibjagd auf die „fremden" Hasen; d. h. die Jägergruppen versuchen, einen Hasen mit einer anderen Farbe einzukreisen und zu fangen.

Letztlich kann also auch jeder Hase „seiner" Gruppe dadurch helfen, daß er sich möglichst lange freizuhalten versucht. Für den nächsten Durchgang wählen die Gruppen andere Spieler als Hasen aus.

Beintreffer

Wir verstehen dieses Spiel als eine milde Form des wenig geeigneten, weil im Grunde „feindlichen" Völkerballspiels.

Die Spielteilnehmer bilden zwei Gruppen, die aber nicht eigentlich gegeneinander spielen. Ein Gruppe kniet oder liegt bäuchlings mit Blick zur Mitte in einem hinreichend großen Kreis, die andere Gruppe bewegt sich laufend und hüpfend im Kreis. Jeder Spieler im Kreis versucht durch geschicktes Ausweichen zu vermeiden, daß er von einem Ball an den Beinen getroffen wird, der von den anderen kreuz und quer durch den Kreis gerollt wird. Es können auch mehrere Bälle im Spiel sein.

Getroffene Spieler wechseln die Rollen, so daß eine ständige Fluktuation stattfindet *(Abb. 66)*.

Wir können es auch anders spielen:

Alle Spieler bis auf einen oder zwei bilden einen stehenden Kreis mit dem Gesicht nach außen. Der Ball, der nun die Beine des einen oder der zwei Spieler innerhalb des Kreises treffen soll, wird von den Kreisspielern durch die gegrätschten Beine gespielt.

Paarfangen

Fangen und Abschlagen ist auch bei diesem Fangspiel die Grundidee. Das Spiel beginnt mit einem Fänger, der dann mit dem ersten Gefangenen an der Hand weiter auf Verfolgungsjagd geht. Haben sie einen weiteren Spieler abgeschlagen, geht es zu dritt angefaßt weiter. Wenn schließlich ein Vierter gefangen ist, teilt sich die Gruppe in zwei Zweiergruppen als Fänger. Es ist also die Grundregel des Spiels, daß nur Zweier- und Dreiergruppen jeweils als Fänger agieren, und Gruppenteilung immer dann eintritt, wenn von einer Dreiergruppe ein weiterer Einzelspieler abgeschlagen und gefangen wurde *(Abb. 67)*.

Abb. 66

Abb. 67

In abgewandelter Form kann man auch von vornherein aus allen Spielern Zweiergruppen bilden und am Spielbeginn eine als Fängergruppe auswählen. Gefangene Paare müssen sich den Fängern anschließen, so daß die Fängerkette schließlich immer länger und die Aufgabe der Zusammenarbeit immer wichtiger wird.

Füchse und Jäger

In dieser von traditionellen Jägerspielen abweichenden Form sollen nicht Spieler abgeworfen werden, sondern ein Ball wird zum Jäger erklärt, mehrere andersfarbige Bälle sind die Füchse.

Die Spieler werden in zwei Gruppen eingeteilt; die einen bewegen die Füchse, indem sie diese möglichst rasch und trickreich hin- und herwerfen oder auch rollen, die anderen versuchen, die Füchse mit dem Jägerball zu treffen. Getroffene Füchse bleiben „leblos“ liegen, bis es schließlich den letzten erwischt hat und Rollenwechsel erfolgen kann. Als Regel sollte vereinbart sein, daß die Füchse ständig unterwegs sein müssen.

Gib mir einen Taler

Alle Spieler bewegen sich mit verbundenen Augen in einem begrenzten Spielraum. Ein Spieler bekommt als „reicher Mann“ ein Beutelchen mit Pfennigstücken oder mit Murmeln. Bei jeder Begegnung bitten die „Armen“ um einen Taler. Wenn sie den reichen Mann nicht getroffen haben, verabschieden sie sich wieder und gehen weiter. Wer dem reichen Mann begegnet, bekommt von ihm leise einen Taler. Ziel ist natürlich, den reichen Mann möglichst oft zu treffen *(Abb. 68)*.

Abb. 68

Haltet den Korb voll

Wir benötigen möglichst viele kleine Bälle und einen Korb (z. B. Papierkorb), den man einem Spieler wie einem „Osterhasen" auf den Rücken binden kann. Alle anderen Spieler versuchen, die weit verstreuten Bälle möglichst rasch in den Korb zu bringen, während der Korbträger dem ständig durch Weglaufen auszuweichen bemüht ist. Wenn der Korb gefüllt ist, wird die Rolle gewechselt.

Ball aus dem Kreis

Alle Spieler bilden einen engen Kreis und legen dabei die Arme über die Schultern der Nachbarn. In der Mitte versucht ein Spieler einen größeren Ball mit den Händen aus dem Kreis hinauszurollen. Er darf dabei höchstens bis Kniehöhe der Kreisspieler rollen oder werfen. Bei guter gemeinsamer Abwehrarbeit zwischen den jeweiligen Nachbarn ist das gar nicht so einfach. Wenn es schließlich gelungen ist, soll derjenige zum Mittelspieler werden, an dessen rechter Seite der Ball hindurchgekommen ist.

Eine Variante ist das Kreisfußballspiel. Hier gibt es keinen Mittelspieler, sondern der Ball wird im Kreis hin- und hergekickt mit dem Ziel, ihn irgendwo hinauszubefördern. Auch hier muß man sich strikt an die Regel halten, den Ball nur bis Kniehöhe zu spielen. Es empfiehlt sich, einen relativ leichten und weichen Ball zu verwenden.

Hundehüttenspiel

Ausgelegte Reifen oder sonstige Platzmarkierungen stellen Hundehütten dar, von denen zwei oder drei weniger vorhanden sein sollen, als Mitspieler beteiligt sind.

Alle Spieler laufen mit Musik- oder Trommelbegleitung zwischen den Hütten umher und warten auf den Zuruf: „Die Hunde suchen sich eine Hütte". Beim Stichwort Hütte versucht jeder, einen Reifen zu erwischen und sich hineinzustellen. Zwei oder drei Spieler müssen übrigbleiben. Bei fortgeführter Musik verlassen die Spieler wieder die Hütten und das Spiel beginnt aufs neue.

Eine Erweiterung schaffen wir durch den Zuruf: „Wechselt die Hütte", woraufhin sofort der Reifen verlassen und eine neue „Behausung" gesucht werden muß. Die übriggebliebenen Spieler haben dabei eine besonders gute Chance, nunmehr erfolgreich zu sein.

In einer Spielvariante lassen wir eine Spielergruppe die Hundehütten darstellen. Auf Stichwort bleiben sie mit gegrätschten Beinen stehen, während die anderen einen Platz darunter zu finden versuchen *(Abb. 69)*.

Schatz erorbern

Dieses Spiel kann von zwei oder auch mehr Gruppen zu je sechs bis zwölf Spielern gespielt werden und ist außerordentlich bewegungsintensiv.

Jede Gruppe erhält eine „Burg" (Turnmatte oder sonstige Markierung) mit je einer bestimmten Anzahl großer Bälle als „Goldschatz".

Spielgedanke ist, einerseits diesen Goldschatz gegen Angreifer zu verteidigen, andererseits ihn möglichst auch zu vermehren. Die Gruppen müssen also Strategien der Abwehr entwickeln und auch Raubzüge zu den Burgen der anderen unternehmen. Gute Absprachen und geschickte Rollenverteilung sind Voraussetzung für den Erfolg.

Als wichtige Regel für dieses Spiel muß gelten, daß man sich bei Angriff und Verteidigung rücksichtsvoll zu verhalten hat, also die Aktionen nicht grob gegen Mitspieler richten darf.

Ggf. mag die Regel gelten, daß man die verteidigenden Spieler in der Burg nicht berühren, also nur freiliegende Bälle rauben darf *(Abb. 70)*.

Abb. 69

Abb. 70

Die Schlange beißt sich in den Schwanz

Alle Spieler fassen sich hierzu in einer Kette an die Hände. Der Kopf der Schlange versucht nun, mit allerlei Bewegungen den letzten Spieler der Kette

— also ihren Schwanz — zu berühren. Natürlich müssen ihm dabei die vorderen Spieler ebenso helfen, wie die hinteren mit dem letzten zusammenarbeiten.

Wenn es schließlich gelungen ist, schließt sich der Kopf-Spieler hinten an und wird zum letzten Schwanzglied.

Die Schlangen sollten zunächst allenfalls aus sechs bis acht Spielern bestehen *(Abb. 71)*.

Abb. 71

Kreisrollball

Die Mitspieler bilden kniend oder sitzend einen Kreis und rollen sich mit den Händen einen Ball gegenseitig zu.

Im Kreis bewegen sich ein oder bei größerem Kreis auch zwei Spieler, die den Ball abzufangen versuchen.

Es wechselt jeweils der Spieler in die Mitte, von dem der abgefangene Ball gespielt worden war *(Abb. 72)*.

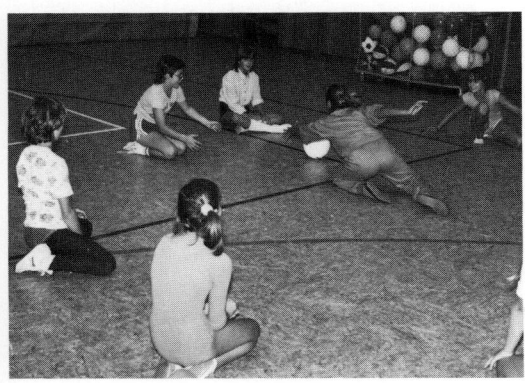

Abb. 72

Quartett

Naturgemäß ein Spiel für Vierergruppen.

Jeder Spieler erhält aus dem gut gemischten Kartenspiel eine beliebige Quartettkarte. Sie laufen nun alle durcheinander und tauschen gegenseitig ihre Karten bis zum Zuruf „Quartett" durch den Spielleiter. Nun muß das weitere rasche Tauschen mit dem Ziel erfolgen, in der Gruppe möglichst schnell zu einem Quartett zu kommen. Es bleibt den Vereinbarungsstrategien der Gruppen überlassen, wie man sich auf welche Viererserie einigt. Da kommt es also sowohl auf schnelles und geschicktes Tauschen als auch auf die richtige Taktik an.

Die fertige Gruppe setzt sich an ihrem vereinbarten Gruppenplatz nieder.

Drachentöten

Die Mitspieler werden in zwei Gruppen eingeteilt. Eine Gruppe stellt sich in einem entsprechend großen Kreis auf, die andere bildet innerhalb des Kreises eine Kette — den Drachen also —, wobei sich jeder bei seinem Vordermann mit beiden Händen an den Hüften festhält. Bei diesem Drachen soll das Schwanzende die „verwundbare" Stelle sein.

Die Kreisspieler versuchen also, durch geschicktes Zuspielen untereinander eine günstige Position zu erreichen, um mit einem Ball den letzten Spieler der Kette abzuwerfen. Der Drachen windet sich natürlich und setzt alles daran, sein Schwanzende zu schützen. Derjenige Kreisspieler, dem ein Treffer gelungen ist, wird zum Kopfspieler des Drachens, der getroffene letzte Spieler des Drachens geht statt seiner in den Kreis. Auf diese Weise können die Rollen zwischen den Kreis- und den Drachenspielern laufend gewechselt werden.

Als Wurfball empfehlen wir einen Softball.

Treibeball

Ein Spiel für zwei gleichgroße und durch Parteibändchen gekennzeichnete Spielergruppen.

Spielgerät soll ein möglichst großer Strandball sein. Beide „Mannschaften" haben das Ziel, diesen leichten und in seinen Flugeigenschaften so eigenwilligen Ball mit den Händen zu treiben und zu schlagen, um ihn über eine Spielfeldgrundlinie oder gegen ein Basketballbrett oder gegen einen an der Grundlinie aufgestellten Sprungkasten usw. bei der „Gegnermannschaft" zu manövrieren und dies auf der eigenen Seite zu verhindern.

Um daraus nicht ein grobes Raufballspiel entstehen zu lassen, müssen klare Regeln gegen das Tragen des Balles, gegen das Spielen mit den Füßen und gegen mutwillige Rempeleien vereinbart werden. Dann ist Treibeball ein sehr bewegungsintensives und motivierendes Spiel für jeden.

Kettenfangen

In den New Games ist dieses Spiel „Monster Blob" genannt. In der Tat wächst hier zunehmend ein Monster heran, dem auszuweichen es immer schwieriger wird.

Wir grenzen einen Spielraum eindeutig ab und beginnen dieses Fangspiel mit einem beliebig gewählten Fänger. Jeder Spieler, den er abgeschlagen hat, schließt sich ihm an der Hand an, bis es eine immer länger werdende Kette wird. Die Kette ist natürlich recht unbeweglich, aber durch gute Zusammenarbeit kann sie Laufwege einengen und abschneiden und auf diese Weise auch die letzten freien Spieler noch einfangen. Bei sehr vielen Mitspielern sollte zu einem bestimmten Zeitpunkt Kettenteilung erfolgen *(Abb. 73)*.

Abb. 73

Fuchs und Eichhörnchen

In dieser Form wird das Wettwanderballspiel besonders interessant und lebendig.

Wir benötigen zwei größere Bälle als „Füchse" und einen deutlich unterscheidbaren kleineren als „Eichhörnchen".

Alle Spieler stellen sich im Kreis auf und lassen die drei Bälle wandern mit dem Ziel, mit einem oder gar beiden Fuchsbällen den Eichhörnchenball zu „fangen". Das Eichhörnchen hat durchaus gute Chancen, weil es im Kreis beliebig springen, also auch zu gegenüberstehenden Spielern hinüberspringen darf, während die Füchse von Hand zu Hand laufen müssen, dabei allerdings auch die Richtung verändern dürfen.

Jeder Spieler muß also rasch in die Rolle des Verfolgers bzw. die des Verfolgten wechseln, jeder muß schnell richtig handeln und dazu auch ein wenig Spieltaktik einbringen und auf die Mitspieler reagieren.

Bei jedem Neubeginn sollten Eichhörnchen und Füchse an der jeweils gegenüberliegenden Seite des Kreises starten.

Wie's vorher war

Für dieses Spiel stellen sich alle Spieler bis auf einen in einem großen Viereck auf. Ein Spieler stellt sich so in die Mitte, daß er eine Seite des Vierecks vor sich, eine hinter sich und je eine links und rechts von sich hat. So soll es von nun an immer wieder sein. Jeder Spieler im Viereck muß sich also genau seine beiden Nachbarn und seine Position zum Mittelspieler merken.

Der Mittelspieler darf sich nun um seine Achse drehen und in einer beliebigen Position mit dem Zuruf „wie's vorher war" stehenbleiben. Alle sollen nun so schnell wie möglich ihre Plätze wechseln und ihre ursprüngliche Position in Bezug auf den Mittelspieler mit den gleichen Nachbarn wiederfinden.

Da ist in der Mitte eine Menge Betrieb und man hat gut aufzupassen, daß es keine Zusammenstöße gibt. Der Mittelspieler kann das Spiel natürlich sehr schnell machen.

Wir finden uns ohne Worte

Für dieses Spiel müssen Spielkärtchen vorbereitet werden, auf denen Hinweise für Gruppentätigkeiten bildlich dargestellt oder mit Worten genannt sind; — also z. B. Ruderboot, Tausendfüßler, Musikorchester, tanzender Kreis u. ä.

Jeder Spieler hat ein Kärtchen erhalten, läuft zu Musik oder Trommelbegleitung im Raum, tauscht sein Kärtchen mit anderen Spielern, — bis zum Stichwort „finden". Dann müssen sich die Spieler ihrem Kärtchen entsprechend nur mit wortlosen Gesten zusammenfinden und gemeinsam die entsprechende Tätigkeit darstellen.

Im Gruppenwettbewerb soll es darum gehen, sich möglichst geschickt erkennbar zu machen und schnell in der Gruppe komplett zu sein.

Hasenjagd

Dies ist eine weitere interessante Form eines Lauf- und Abschlagspiels, bei dem es ganz wesentlich auf gedankenschnelles Zusammenwirken und auf kluge Spielstrategie ankommt, um schließlich den Hasen zu fangen.

Die Spieler hocken sich in einer langen Reihe so hin, daß sie immer abwechselnd in die entgegengesetzte Richtung schauen. Der letzte Spieler an einem Ende der Reihe soll der Hase sein, derjenige am anderen Ende der Jäger. Der Hase darf links und rechts um die Spielerreihe laufen und auch die Richtung wechseln, der Jäger hingegen darf nur in einer Richtung auf Verfolgungsjagd gehen. Unter diesen ungleichen Bedingungen hätte er wohl keine Chance auf Erfolg. Er kann nun aber beliebig einem der in der Reihe hockenden Spieler auf den Rücken klopfen und ihn an seiner Stelle als Jäger losschicken. Auch der neue Jäger muß die einmal gewählte Laufrichtung beibehalten, während der Hase nach wie vor nach Belieben wechseln und Haken schlagen kann. Bei schnellem und geschicktem Jägerwechsel wird er aber ganz sicher bald gefangen sein.

Der gefangene Hase und der erfolgreiche Jäger dürfen nun je einen anderen Spieler bestimmen und deren Plätze einnehmen. Die neuen Spieler müssen das Spiel nun wieder von den entgegengesetzten Enden der Spielerreihe aus beginnen, damit faire Ausgangsbedingungen gegeben sind.

Dach über dem Kopf

Die Spieler bilden zwei Kreise, einen inneren und einen äußeren Kreis, wobei der äußere zwei oder drei Spieler mehr haben muß. Es geht bei diesem Platzsuchspiel darum, daß die Spieler des Außenkreises unter den gegrätschten Beinen der Innenkreisspieler ein Dach über dem Kopf finden wollen.

Beide Kreise bewegen sich laufend in entgegengesetzter Richtung. Bei dem Stichwort . . . über dem **Kopf** bleiben die Spieler des Innenkreises sofort mit gegrätschten Beinen und Blick nach innen stehen. Die Außenkreisspieler kriechen blitzschnell unter die Beine. Bis auf die überzähligen zwei oder drei Spieler sind alle erfolgreich. Für den nächsten Durchgang bleiben sie im Außenkreis, während im übrigen die Außen- und Innenkreisspieler ihre Positionen tauschen *(Abb. 74)*.

Abb. 74

Rettende Inseln

Eine weitere Fangspielvariante mit kooperativen Elementen. In einem Spielraum mit vereinbarten Abgrenzungen werden ein bis drei Spieler als erste Fänger ausgewählt und durch ein Band, ein getragenes Tuch, eine Mütze o. ä. kenntlich gemacht. Auf dem Spielfeldboden liegen weit verteilt einige Reifen als „Inseln". Sie stellen Freimale dar, in denen aber immer nur ein Spieler Platz haben soll. Wenn also ein Spieler durch einen Fänger in Bedrängnis gerät, kann er sich auf eine Insel zu retten versuchen. Ist die Insel von einem anderen Spieler besetzt, muß dieser sie sofort verlassen und wird seinerseits zum Fangen frei. Abgeschlagene Spieler werden jeweils zu Fängern, so daß die Rollen ständig wechseln.

Fischfang

Die Mitspieler bilden zwei Gruppen, die sich an den Stirnseiten eines auch seit-lich begrenzten Spielfeldes gegenüberstehen. Die eine Gruppe faßt sich an den Händen und bildet eine Kette, das Fischnetz. Die anderen Spieler sind die einzelnen Fische. Beide Gruppen wechseln jetzt die Seiten, wobei das Fisch-netz versucht, möglichst viele Fische einzufangen; berührte Fische sollen als eingefangen gelten. Man kann selbstverständlich Variationen in der Fortbewe-gungsart der Fischegruppe vorsehen. In jedem Falle muß das Spielfeld so breit sein, daß die Fische die Chance haben, seitlich vorbeizuschlüpfen.

Beim jeweiligen nächsten Durchgang wechseln die Rollen. Der Wettbewerb mag in der Zahl der gefangenen Fische pro ,,Fischzug" liegen. Allemal muß das ,,Netz" zusammenhalten und geschickt operieren, wenn man erfolgreich sein will *(Abb. 75)*.

Abb. 75

Wolf und Schafe

Die Hälfte der Mitspieler bildet einen Kreis mit gefaßten Händen, — den schüt-zenden Weidezaun für die andere Hälfte, die Schafe, die sich innerhalb des Kreises bewegen.

Außerdem sind im Spielbereich ein ,,Schafstall" als großes Freimal markiert und eine Ecke als Wolfshöhle gekennzeichnet. Das Spiel beginnt mit einem Spieler als Wolf, der aus seiner Höhle kommt und durch den Weidezaun zu den Schafen möchte. Die Kreisspieler versuchen, sein Durchkriechen oder Über-steigen der Arme zu verhindern. Gelingt dem Wolf dennoch der Durchbruch, müssen die Kreisspieler rasch überall die Hände lösen, damit die Schafe in ih-ren rettenden Stall flüchten können. Gefangene Schafe gehen mit in die Wolfs-höhle und werden dort zu Wölfen verwandelt. Sie gehen dann ebenfalls mit auf die Jagd, wenn die übrigen Schafe sich wieder innerhalb des Weidezauns be-finden.

Schafe, Kreisspieler und erster Wolf tauschen ihre Rollen, wenn schließlich alle Schafe von den Wölfen gefangen worden sind.

Tigerball

Die Spieler bilden einen Innenstirnkreis mit ca. 1 Meter Abstand zueinander. Zwei oder drei Spieler befinden sich in der Mitte des Kreises als „Tiger".

Die Kreisspieler spielen sich einen Ball in beliebig wechselnder Richtung kreuz und quer durch den Kreis zu. Die Tiger versuchen mit Schnelligkeit und Wendigkeit den Ball abzufangen oder zumindest zu berühren. Der Werfer des jeweils abgeschlagenen Balles muß dann mit dem Innenspieler tauschen *(Abb. 76)*.

Variationsmöglichkeiten ergeben sich aus verschiedenen Formen des Zuspiels, aus verschiedenen Stellungen der Kreisspieler und auch aus der Zahl der Tiger und der Bälle im Spiel.

Eine weitere Variationsmöglichkeit des Spiels sieht eine größere Anzahl von Bällen vor, die von den Innenspielern nach und nach abgefangen und aus dem Spiel genommen werden sollen. Rollentausch erfolgt dann erst, wenn alle Bälle weggefangen sind.

Abb. 76

Über den Tisch ziehen

Tauziehen ist allemal beliebt und überdies eine gute sportliche Belastung.

Wir wählen hier das Rundtau, d. h. ein an den Enden zusammengeknotetes Ziehtau, um das herum sich die Spieler anordnen.

In der Mitte soll sich eine Turnmatte oder eine sonstige Markierung befinden. Ziel soll es also sein, mit Hilfe der Nachbarn am Tau die Spieler auf der anderen Seite auf oder über die Matte zu ziehen.

Für einen Gruppenwettbewerb kann man eine Hälfte des Rundtaus mit einer und die andere Hälfte mit einer anderen Mannschaft besetzen. Mit gemeinsamer Kraft und im gemeinsamen Zugrhythmus wird hier in der gleichen Weise der Gruppenerfolg im Herüberziehen gesucht wie beim üblichen Tauziehen am Langtau.

Neckball

Alle Spieler bis auf einen bilden einen großen Innenstirnkreis. Sie lassen einen oder zwei Bälle von Spieler zu Spieler wandern, wobei niemand überspielt werden darf.

Außen um den Kreis läuft ein Spieler, der versucht, die wandernden Bälle zu erreichen und zu berühren.

Neckball deshalb, weil die Bälle durchaus die Richtung wechseln dürfen, den Abfänger also kurz vor Erreichen seines Ziels durch blitzschnellen Richtungswechsel necken können *(Abb. 77)*.

Bei zwei Bällen müssen die Kreisspieler besonders reaktionsschnell sein und sich gut aufeinander abstimmen.

Die Chancen für den Läufer können deutlich verbessert werden, indem die Kreisspieler knien oder die Bälle im Sitzen wandern lassen.

Abb. 77

Schnappball

Schnappball ist eine elementare Form des Parteiballspielens, die sich aus der Grundsituation „ein Ball — viele Spieler" gleichsam von selbst ergibt. Die Mitspieler bilden zwei oder mehrere Gruppen, die entsprechend kenntlich gemacht sind, und sie vereinbaren die Abgrenzungen ihres Spielfeldes. Jede Gruppe ist bemüht, in den Besitz des Balles zu kommen bzw. ihn in den eigenen Reihen zu behalten. Als Handballspiel darf der Ball nur mit den Händen gespielt und nicht längere Zeit festgehalten werden. Fangen und Werfen, geschicktes Freilaufen und ein entsprechendes Abfangverhalten sind also die grundlegenden Elemente. Die Regelung, den Ball nur am Boden zu rollen, ihn mit Hockeystöcken zu spielen, ihn nur mit den Füßen zu spielen usw. ergibt mögliche Varianten zum Grundspiel.

Zumeist wird es erforderlich sein, noch einige besondere Fairneßregeln einzubringen, um Ansätze zum Raufballspiel auszuschließen.

Ball unter die Schnur

Wir benötigen ein klar abgegrenztes Spielfeld, das in der Mitte durch eine 40—50 cm hoch gespannte Leine in zwei Hälften geteilt ist. Jede Spielfeldhälfte wird von einer Spielergruppe besetzt. Dem Ziel des Spiels entsprechend müssen sich die Spieler im Feld geschickt verteilen.

Es geht darum, einen oder mehrere Bälle unter der Leine hindurch auf der anderen Seite über die Spielfeldgrenzen hinauszurollen und dies auf der eigenen Seite zu verhindern. Der Ball darf nur am Boden gerollt werden. Es muß vereinbart und markiert werden, welche Bereiche der Spielfeldgrenzen unmittelbar hinter der Spielfeldmitte ausgenommen bleiben sollen, weil sie kaum erfolgreich verteidigt werden können.

Jedenfalls haben die Spieler sowohl offensive als auch abwehrende Aufgaben; Rollenverteilung, ein wenig taktisches Verhalten und gute Zusammenarbeit sind die wichtigen Voraussetzungen zum Erfolg. Es darf innerhalb der eigenen Gruppe selbstverständlich beliebig zugespielt (gerollt) werden, bis eine günstige Position gefunden ist. Bei mehreren Bällen im Spiel erhöhen sich die Anforderungen an Reaktion und Gewandtheit ganz erheblich.

Schlangenbiß

Durch Handfassung bilden je vier bis sechs Spieler eine Schlange mit einem Kopf und einem Schwanzende.

Im Spiel versucht jede Schlange, der anderen in den Schwanz zu beißen, d. h. ihr Kopfspieler versucht, den letzten Spieler einer anderen Schlange abzuschlagen. Alle Teile der Schlange müssen also mithelfen, sowohl einen Schlangenbiß zu ermöglichen, als auch den Biß in das eigene Schwanzende zu verhindern.

Ein abgeschlagener Spieler wird zum Schlangenkopf bei der erfolgreichen Schlange, so daß sich laufend auch die Länge der Schlangen verändert.

Die Schlangenköpfe sollten durch Parteibändchen etc. kenntlich gemacht sein *(Abb. 78)*.

Die Katze kommt

In einem abgegrenzten und nicht zu großen Spielraum bewegen sich die Spieler frei durcheinanderlaufend. Ein Spieler, die Katze, sitzt auf einem Kasten und lauert. Mit dem Ruf „Die Katze kommt" springt sie herunter und versucht, eine Maus zu fangen. Die anderen Spieler fassen sich nun schnell zu Paaren an die

Abb. 78

Hände. Maus ist jeder Spieler, den die Katze allein antrifft bzw. der bei der Paarebildung übriggeblieben ist. Die Mäusejagd findet also zwischen den Paaren statt, die für die Maus willkommene Hindernisse und Verstecke bilden und ihr damit behilflich sind.

Die gefangene Maus wird beim nächsten Durchgang die Katze spielen.

Kastenball

Die Spieler bilden mit Abständen von 1—1,5 m einen Kreis, in dessen Mitte ein offener Sprungkasten oder ein großer Karton etc. stehen soll. Dieser Kasten wird von einem Mittelspieler verteidigt, d. h. er versucht zu verhindern, daß ein Ball von den Kreisspielern in den Kasten geworfen wird. Die Kreisspieler ihrerseits sind bemüht, durch geschicktes Zuspielen untereinander den Kastenverteidiger auszumanövrieren und eine günstige Wurfposition zu finden. Natürlich gehört auch die nötige Wurfgenauigkeit dazu.

Der erfolgreiche Werfer wechselt mit dem Kastenwächter die Position *(Abb. 79)*.

Abb. 79

Vieles zu uns

Die Spielteilnehmer sind in mehrere Gruppen aufgeteilt, wobei jede Gruppe einem Reifen oder einem markierten Kreismal zugeordnet ist. In der Mitte des Spielraumes wird nun eine große Menge kleiner und größerer Bälle sowie sonstiger Kleingeräte wie Tennisringe, Staffelstäbe, Bohnensäckchen usw. ausgeschüttet.

Spielaufgabe soll sein, von einem Startzeichen an möglichst viel davon in das eigene Mal zu bringen und dazu ausschließlich die Füße zu benutzen.

Sicherlich kommt auch einiges zusammen, wenn jeder einzeln immer wieder läuft und etwas holt, die Schlaueren werden aber sehr schnell Strategien der Zusammenarbeit entwickeln und damit erfolgreicher sein *(Abb. 80)*.

Abb. 80

Wurfbude

Die Wurfbuden auf dem Jahrmarkt erfreuen sich überall großer Beliebtheit. Wir können sie uns selbst leicht einrichten, denn leere Büchsen sind ja in jeder Menge leicht zu beschaffen. Büchsenpyramiden auf Kästen, Tischen oder Bänken fordern geradezu zum Werfen heraus.

Die Regeln zum Gruppenspielen oder auch zu Gruppenwettbewerben können jeweils selbst gefunden und festgelegt werden.

Reifenball

Reifenball ist ein kleines Handballspiel. Wir können es mit zwei oder mehreren Spielergruppen spielen, die je durch Parteibändchen gekennzeichnet sind.

Ein Spieler jeder Gruppe steht in einem Reifen an einem festen Standort. Die anderen Spieler versuchen, einen Ball innerhalb ihrer Gruppe so zuzuspielen und zu werfen, daß der eigene Reifenspieler ihn fangen kann. Die Spieler der anderen Gruppen wollen diesen ,,Punktgewinn'' natürlich verhindern und sind bemüht, selbst in Ballbesitz zu kommen. Außer der allgemeinen Fairneß sollen die Spielregeln vorschreiben, daß niemand mit dem Ball in der Hand mehrere Schritte laufen darf. Hat ein Reifenspieler einen Ball gefangen, soll er ihn einfach ins Spielfeld hinauswerfen, damit das Spiel erneut beginnen kann.

Ich werde dir helfen

Eine bewegungsintensive Spielform für Dreiergruppen. Zwei Spieler A und B fassen sich mit Blick zueinander an beiden Händen. Ein Spieler C versucht, den Spieler A abzuschlagen. B hilft seinem Partner und ist bemüht, durch wendiges und geschicktes Abschirmen und Ausweichen, dies zu verhindern.

Ist der Abschlag gelungen, wechseln sie so ihre Rollen, daß jeder einmal Helfer und Fänger wird *(Abb. 81)*.

Man kann dieses Spiel durchaus auch zu viert spielen, so daß jeweils zwei Helfer einen dritten Spieler abzuschirmen haben.

Abb. 81

Einen Reifen weniger

Spielergruppen zu je acht bis zwölf Spielern stehen dicht beieinander, jeder Spieler steht mit beiden Füßen in einem Gymnastikreifen. Nun geht der Spielleiter immer wieder von Gruppe zu Gruppe und nimmt jedes Mal je einen Reifen fort, so daß die Spieler immer enger zusammenrücken müssen. Ziel des Spiels soll es sein, in der Gruppe für alle Spieler mit möglichst wenigen Reifen auszukommen, ohne daß auch nur ein Fuß oder ein anderer Körperteil außerhalb eines Reifens den Boden berührt.

Das erfordert allemal engste Kooperation.

Handtuchball

Je zwei Spieler stehen sich gegenüber und fassen mit beiden Händen an den Ecken eines Handtuches, das nicht zu groß sein sollte. Das so gespannte Tuch kann man gut als Ball-„Pritsche" benutzen, d. h. man kann damit einen nicht zu schweren Ball gut auffangen und wegspielen, wenn beide Spieler gut kooperieren. In der einfachsten Spielorganisation sollen sich Spielerpaare einen Ball mit den Handtüchern so zuspielen, daß er nicht zu Boden fällt. In Kreisaufstellung kann man „Wanderball" spielen oder sogar Wettspielformen arrangieren *(Abb. 82)*.

Abb. 82

Tauziehen und Mattendrücken, Mattenschieben

Das traditionelle Tauziehen mit dem Langtau ist gewiß ein Wettkampfspiel mit besonderen Anforderungen gerade an die Bereitschaft und Fähigkeit zum kooperativen Handeln und gemeinsamen Erfolgsstreben. Das Ziel, die Gegenpartei über eine neutrale Markierung zu ziehen, ist letztlich nur in koordinierter Addition aller Einzelanstrengungen zu erreichen. Wichtig ist allerdings, daß eine in etwa chancengleiche Gruppeneinteilung herbeigeführt wird.

Bei völlig anderer motorischer und konditioneller Beanspruchung gelten für das Zusammenwirken der Wettbewerbsgruppen an der „Mattenwand" die gleichen Anforderungen. Zum Mattendrücken hängen wir eine Weichbodenmatte mit den Tragschlaufen so an den Schaukelringen der Turnhalle auf, daß sie gerade frei über dem Boden pendeln kann. Auf beiden Seiten versuchen nun die Drückergruppen, ihre unsichtbaren Widersacher mit der Pendelwand über eine Markierung zurückzudrängen. Das ist eine sehr belastende, aber auch besonders reizvolle Aufgabe, weil die labile weiche Matte sehr verschiedene Angriffsmöglichkeiten zuläßt.

Zum „Mattenschieben" bleibt die Weichbodenmatte am Boden liegen, und die beiden Parteien sind je an ihrer Längskante verteilt. Auch hier gilt es, die Gegenpartei mit der Matte über eine Markierungslinie zurückzuschieben.

Sautreiben

Ein dynamisches und deshalb allenthalben beliebtes Spiel für kleinere oder größere Teilnehmergruppen.

Die „Sau" soll ein großer Physioball oder auch ein leichter Medizinball sein; außerdem werden als Wurfbälle für jeden Spieler ein Gymnastikball oder Handball benötigt.

Zwei Spielmannschaften befinden sich in entsprechendem Abstand gegenüber hinter je einer Feldmarkierung, die „Sau" liegt bei Spielbeginn in der Mitte dazwischen im neutralen Feld. Den Abstand der gegnerischen Linien muß man dem Alter und dem Wurfvermögen der Spieler anpassen.

Sautreiben heißt nun, mit den Wurfbällen von beiden Seiten jenseits der Markierungslinien den großen Ball in der Mitte immer wieder zu treffen und ihn auf diese Weise über die Grundlinie der Gegenübermannschaft zu befördern.

Das ist zunächst ein Spiel, bei dem jeder mit seinem individuellen Zielwurf allein handelt. Die Herausforderung zum Kooperieren und damit zu erfolgversprechender Spieltaktik ergibt sich aber aus der Notwendigkeit, immer wieder und möglichst schnell Wurfbälle herbeizuschaffen und den eigenen Mitspielern dabei zu helfen. Bei fortgeschrittener Spielerfahrung entwickeln sich dann auch aufeinander abgestimmte Wurfstrategien.

Eichhörnchenspiel

Ähnlich wie beim Spiel „Vieles zu uns" (81) soll es bei diesem Spiel darauf ankommen, als Gruppe und im Rahmen vereinbarter Regeln möglichst schnell möglichst viel Material für sich herbeizuschaffen. Dazu haben wir in einem Kasten in der Spielfeldmitte sehr viele kleine Bälle als „Winterfutterreservoir" bereitgestellt. In etwa gleichen Abständen um den Kasten herum haben Eichhörnchenfamilien (je 3–4 Kinder) ihre Nester (z. B. Reifen), in die hinein sie Bälle bringen sollen. Als Regel schlagen wir vor, daß dazu nur die Hände benutzt werden dürfen und jeder nie mehr als einen Ball bei sich haben darf. So bleiben Möglichkeiten zu unterschiedlicher Strategie, z. B. für jeden Ball vom Kasten zum Nest einzeln zu laufen, oder sich untereinander zuzurollen oder Ketten zu bilden.

Eine zusätzlich belebende Variante ergibt sich, wenn ein Eichhörnchen jeder Gruppe den „Bösewicht" spielen darf und als solcher mit einem Bändchen gekennzeichnet wird. Er beschafft sich sein Futter auch aus den Nestern der anderen, aber auch er darf immer nur einen Ball nehmen.

Sofern die verfügbaren kleinen Bälle entsprechend verschiedenfarbig sind, bieten sich reizvolle Spielerweiterungen an; z. B. die Aufforderung an die Gruppen, ihre herbeigeschafften Bälle nach Farben zu ordnen und sich dann für nur eine Farbe zu entscheiden. Alle andersfarbigen Bälle sind also wieder aus dem

Nest herauszuwerfen und von draußen sind solche mit der Wunschfarbe nach den früheren Regeln herbeizuschaffen. Da können dann auch schon Taktik und Übersicht eine wesentliche Rolle spielen.

Der Sandsack geht um

Als Spielmaterial werden einige Sand- bzw. Bohnensäckchen benötigt, und als Hauptakteure sollen die nackten Füße tätig werden. Gruppen von je 6 bis 12 Spielern bilden einen Sitzkreis am Boden oder auch auf Stühlen, wobei die Abstände zwischen den Spielern den ausgestreckten Armen entsprechen sollten.

Die Gruppen wetteifern also gegeneinander, indem sie die Säckchen mit den Füßen im Kreis wandern lassen. Da kann man z. B. vereinbaren, ein oder mehrere Säckchen eine oder mehrere Runden auf dem Boden von Spieler zu Spieler zu rutschen, oder sie von Spieler zu Spieler in der Luft weiterzugeben, oder sie sogar mit verbundenen Augen wandern zu lassen.

Beim Weitergeben mit abgehobenen Beinen ist auch die Dauerlaufregelung reizvoll, also der Gewinnpunkt für diejenige Kreisgruppe, bei welcher das oder die Säckchen am längsten wandern, ohne verlorenzugehen.

Kreisfangen

Nach dem Prinzip „einer gegen alle" bilden wir aus vielen Spielern einen handgefaßten Innen- oder Außenstirnkreis mit einem Einzelspieler, der sich außerhalb des Kreises befindet.

Zum jeweiligen Spielbeginn ruft der Spielleiter den Namen eines Kreisspielers, der sich gegenüber dem Außenspieler, also am weitesten von diesem entfernt befindet und nun gefangen werden soll. Alle Kreisspieler sind seine Helfer und versuchen, durch gemeinsames Drehen des Kreises zu verhindern, daß der außen herumlaufende Fänger ihn erreichen kann. Zunächst sollte es nur in eine Richtung gehen, dann aber sollten Fänger und Kreis auch ihre Laufrichtung wechseln dürfen; da müssen die Kreisspieler schon sehr gut zusammenarbeiten, wenn man den Erfolg des Fängers möglichst lange verhindern will.

Entweder der Gefangene wird dann beim nächsten Durchgang Fänger sein, oder der erfolgreiche Fänger soll seinen Nachfolger bestimmen dürfen.

Erdbeben

Für das Erdbeben werden mindestens 6 Rollbretter und eine große Weichbodenmatte benötigt.

Wir verteilen die Rollbretter gleichmäßig unter die rutschfeste Seite der Matte und schaffen so einen leicht in alle Richtungen beweglichen Boden, um den herum sich die Spieler zu verteilen haben. Ein oder auch mehrere Spieler wagen sich nun auf die Matte und versuchen, möglichst lange auf den Füßen zu bleiben, wenn die anderen den Boden in gemeinsamer Arbeit kräftig in Bewegung bringen. Da muß man sich außen mit dem Rütteln gut aufeinander abstimmen, wenn man standfeste Leute von den Beinen holen will.

Es mag die Vereinbarung gelten, daß jeweils der Mittelspieler nennen darf, wer anschließend aus dem Gleichgewicht gebracht werden soll.

Füßepuzzle

Wir empfehlen für dieses Spiel — zunächst — Dreiergruppen, die sich zwanglos zusammenfinden dürfen. Schuhe und Strümpfe müssen abgelegt werden, damit die Füße möglichst geschickt und präzise ihre Aufgabe erfüllen können.

Jede Gruppe soll drei große Zeitungsblätter zu einem beliebig gewählten Platz mitnehmen und diese mit den Füßen in zunächst je drei Stücke reißen. Gut vermischt, aber nicht gewendet, ergibt das eine reizvolle Puzzle-Aufgabe.

Folgender Regelungsvorschlag soll daraus ein Gruppenwettspiel werden lassen: Auf Startsignal haben die Gruppen am Puzzle der je anderen Gruppen jeweils *eine* Zeitung mit den Füßen zusammenzusetzen und dann weiter zu einem anderen Puzzle zu wechseln. Jede Gruppe muß also an drei verschiedenen Orten tätig gewesen sein. Natürlich darf man stets nur dorthin wechseln, wo gerade der Platz frei ist. Ziel ist es also für jede Gruppe, möglichst als erste irgendwo die dritte Zeitung zusammengelegt und damit das Gesamtpuzzle fertiggestellt zu haben. Um zu gewährleisten, daß auch wirklich dreimal „gearbeitet" wurde, sollte man sich auf geeignete Kontrollregelungen einigen.

Für weitere Durchgänge läßt sich die Aufgabe erschweren z. B. durch mehr Puzzle-Teile oder auch die Erlaubnis, die Teile nicht nur zu mischen, sondern auch zu wenden.

Für Kinder schlagen wir als Puzzle-Material selbstbemaltes Papier vor.

Fertig ist das Mondgesicht

Hierzu finden sich die Spieler in Dreiergruppen zusammen und verabreden jeweils einen Vornamen. Als Spielmaterial werden einfache Malblätter und für jede Gruppe je drei Malstifte oder Fettkreiden benötigt.

Die Malblätter (z. B. 20 Stück) werden am Boden des Spielraumes weiträumig verteilt. Spielaufgabe soll es nun für jede Gruppe sein, möglichst schnell und unbedingt vollständig auf jedes Blatt ein Gesicht mit Umriß, Augen, Nase, Mund und Ohren zu malen und den zuvor verabredeten Namen dazu. Dabei hat jedes Gruppenmitglied eine ebenfalls zuvor zu verabredende Aufgabe zu erfüllen, — also z. B. einer malt Umriß und Ohren, der zweite malt Augen, Nase, Mund, der dritte schreibt den Namen darunter. Im Spielverlauf darf an einem Blatt immer nur eine Gruppe tätig sein. Natürlich muß auch vereinbart sein, daß die Gesichter nur so groß gemalt werden dürfen, daß alle Gruppengesichter auch Platz haben.

Jedenfalls kommt es darauf an, in zügiger Zusammenarbeit sowohl die Malaufgabe zu erledigen, als auch vor allem in gemeinsamer Orientierung rasch und vollständig alle Stationen zu finden. Als Erfolgsregelung schlagen wir vor, daß die Gruppen sich bei vermeintlicher Erledigung ihrer Aufgabe in einer bestimmten Plazierungsreihenfolge niedersetzen oder sich eine vorbereitete Plazierungsnummer entnehmen oder an der Tafel noch einmal ihr Gesicht in der Reihenfolge der Ankunft aufmalen.

Die Auswertung der Blätter muß nun das wirkliche Spielergebnis zeigen. Sofern ein Gruppengesicht irgendwo fehlt, mögen Rückplazierung oder Disqualifikation als Sanktionen gelten.

Mit zunehmender Zahl der ausgelegten Malblätter und/oder einer Erweiterung des Spielraumes können die Anforderungen und damit der Spielreiz weiter gesteigert werden.

Kasten-Handball

Wir verstehen dieses Spiel als elementare und grundschulgerechte Vorform der Ball-Sportspiele mit einfachsten Regeln und weit reduzierter Spielerzahl auf der Grundlage des Fangens und Werfens.

Da die Grundsituationen von Offensive mit dem Ziel des Torerfolges und von Defensive mit dem Ziel der Torverhinderung sowie ein gewisser Kooperationszwang mit dem Spielgedanken und dem Spielziel immanent gegeben sind, können im ganzheitlichen Sinne die Erlebnisse des Mannschaftsspielens auch ohne bzw. mit nur geringem spezifisch-technischem Können erfahren und grundsätzliche Aspekte der Spielfähigkeit weiterentwickelt werden. Kasten-Handball sollte darum kein Kurz- oder Einmal-Spiel sein, sondern eines, für das Zeit zur Stabilisierung und Weiterentwicklung verfügbar sein muß.

Für die Grundform schlagen wir folgende Regelungen vor: im abgegrenzten Spielfeld (z. B. Querfeld in der Halle) ist rundum zugänglich an den beiden Stirnseiten auf je einer Weichbodenmatte je ein offener Sprungkasten aufgestellt. Die Matten sollen gleichsam als markante Wurfkreise dienen, dürfen also nicht betreten werden.

Jede Mannschaft hat drei bis maximal vier Spieler, die das Ziel haben, einen Ball (Volleyball, großer Softball, Gymnastikball) mit der Hand in den offenen Kasten zu spielen bzw. dasselbe Vorhaben der anderen Mannschaft zu verhindern.

Als Verhaltensregeln haben zunächst zu gelten: den Ball nur eine kurze Zeit in den Händen halten, mit dem Ball nur ein kurzes Stück laufen, dem Gegenspieler bei der Abwehr keinesfalls wehtun. Die Auslegung dieser Grundregeln und deren weitere Differenzierung sollte sich am aktuellen Spielgeschehen und der vorhandenen Spielfähigkeit der Spieler orientieren und insofern aus der gemeinsamen Vereinbarung von Spielern und Spielleiter erwachsen.

In einer besonders reizvollen Variante kann man Kasten-Handball auf Rollbrettern spielen, wobei jeder Spieler sich auf einem Rollbrett sitzend oder kniend fortbewegt.

3.3 Kooperative Staffeln und Staffelformen

Mit dem Kasten zum Ziel

Jeder Staffelgruppe (ca. sechs Spieler) soll ein Sprungkasten (4- bis 5teilig) zur Verfügung stehen. Die Spieler haben die Aufgabe, mit diesem Sprungkasten ein entferntes Ziel oder nach Umkehr bei einem Wendemal den Ausgangspunkt zu erreichen. Keiner darf während des Spielverlaufs den Spielfeldboden betreten.

Sie sollen selbst herausfinden, daß die Lösung nur sein kann, den Kasten auseinanderzunehmen, auf den Kastenteilen zu balancieren und in guter Zusammenarbeit immer das jeweils letzte Teil nach vorn zu geben. Nur wenn alle kräftig zupacken, kann man zügig vorankommen und schließlich erfolgreich sein *(Abb. 83—84).*

Abb. 83

Abb. 84

Mit zwei Matten zum Ziel

Jeder Staffelgruppe (ca. sechs Spieler) sollen zwei Turnmatten zur Verfügung stehen. Die Spieler haben die Aufgabe, mit selbst zu suchendem Verfahren auf diesen beiden Matten ein entferntes Ziel oder im Sinne einer Wendestaffel den Ausgangspunkt zu erreichen. Kein Spieler darf unterwegs die Matte verlassen.

Nach kurzer Beratungszeit werden alle gewiß bald herausgefunden haben, daß es nur die Möglichkeit gibt, immer eine Matte freizumachen und sie in gemeinsamer Arbeit ein Stück in Zielrichtung vor die andere zu legen, auf der man selbst gerade steht *(Abb. 85—86)*.

Abb. 85

Abb. 86

Fährmann, setz' über!

Es ist breiter Fluß zu überqueren. Die Staffelgruppen versammeln sich am diesseitigen Ufer und beraten, wie sie das mit den verfügbaren je zwei Rollbrettern am geschicktesten und schnellsten schaffen können.

Spielregel soll sein, daß die Rollbretter als Boote dienen und nur die Hände als Ruder benutzt werden dürfen. Der Boden soll also mit keinem anderen Körperteil berührt werden. Man muß eben absprechen und ausprobieren, wieviele Spieler pro Fahrt übersetzen können und wie man den Fährmann wechselt *(Abb. 87)*.

Abb. 87

TT-Ball-Staffel

Für diese Staffel erhält jede Staffelgruppe eine Menge, aber gleich viele Tischtennisbälle. In einem entfernten Bereich des Spielraumes werden Male markiert, in welche die TT-Bälle schließlich als Staffelziel hineintransportiert werden sollen.

Handlungsvoraussetzung ist, daß die Bälle von den Spielern mit keinem Körperteil berührt werden und daß keine Hilfsmittel benutzt werden dürfen.

Aufgabe also: Bringt eure TT-Bälle ohne jede Berührung möglichst schnell in das gegenüberliegende Mal.

Nach kurzer Bedenkzeit bis zum Start sind die meisten wohl darauf gekommen, daß dies nur mit Pusten möglich ist. Ebenso werden die Spieler sehr schnell merken, daß man im Team pusten und dabei bestimmte Richtungsaufgaben übernehmen muß, wenn es klappen soll *(Abb. 88)*.

Abb. 88

Blindenführer

Jede Staffelgruppe sollte vier bis acht Spieler haben. Außer einem Spieler jeder Gruppe werden allen anderen die Augen verbunden.

Die Sehenden sollen nun ihre Gruppen über eine festgelegte Strecke zum Ziel führen. Sie dürfen dabei ihre Mitspieler nicht berühren, sondern müssen das allein mit der Sprache schaffen. Besonders reizvoll wird die Aufgabe, wenn auf dem Wege noch ungefährliche Hindernisse eingebaut sind, die umgangen bzw. überwunden werden müssen.

Ballontreiben

Jede Staffelgruppe erhält eine bestimmte Zahl Luftballons. Diese Luftballons sollen von allen Spielern der Gruppen gemeinsam über eine vereinbarte Strecke bis zum Ziel getrieben werden. Dabei dürfen alle Körperteile benutzt, die Ballons aber keinesfalls irgendwie festgehalten, eingeklemmt oder getragen werden. Das Staffelziel ist erst erreicht, wenn der letzte Gruppenballon im Ziel ist.

Ihr werdet merken, daß es hier eher auf Behutsamkeit und Geschicklichkeit, als auf Schnelligkeit und Dynamik ankommt.

Natürlich sollte die Strecke nicht zu kurz sein, damit auch Zeit und Gelegenheit zur Entfaltung von Handlungsstrategien bleibt. Ein Wendemal und eingebaute kleine Hindernisse können die Aufgabe erschweren und zugleich reizvoller machen *(Abb. 89)*.

Abb. 89

Spielertransport

Eine Lauf- und Tragestaffel für Fünfer-Gruppen. Es ist ein beliebig festzulegender Weg mit einem Wendemal und eventuell auch kleinen Hindernissen zurückzulegen. Die Strecke muß insgesamt fünf Mal gelaufen werden, wobei in jedem Durchgang einer der fünf Spieler von den anderen vier Spielern an den Armen und Beinen getragen werden soll *(Abb. 90)*.

Abb. 90

Hinübertragen

Für diese Staffel benötigen wir Vierergruppen, denn es sollen Turnmatten an allen vier Ecken getragen werden. Jede Staffelgruppe erhält fünf bis acht Bälle, die einzeln auf einer Matte in einen Kasten auf der gegenüberliegenden Spielfeldseite zu transportieren sind. Dabei ist nicht allein die Schnelligkeit entscheidend, sondern auch Behutsamkeit und Abstimmung unter den Spielern *(Abb. 91)*.

Abb. 91

Auf Steinen über den Fluß

Wir bilden Staffelgruppen zu je sechs bis acht Spielern. Jede Gruppe erhält als „Trittsteine" z. B. Teppichfliesen oder Gymnastikreifen etc. Es muß je ein Trittstein mehr sein als die Gruppe Spieler hat. Aufgabe soll es nun sein, auf diesen „Trittsteinen" eine festgelegte Strecke „über den großen Fluß" zu überwinden. Als einschränkende Regel ist zu beachten, daß auf jedem „Trittstein" stets nur ein Spieler Platz hat.

Da muß man zunächst über die Strategie nachdenken und diese dann gemeinsam verwirklichen.

Natürlich geht es am besten, wenn ein „Vorläufer" zunächst alle „Trittsteine" hintereinander auslegt, die Mitspieler dann nachkommen und jeweils den letzten freien „Trittstein" nach vorn reichen, um wieder ein Stück aufrücken zu können *(Abb. 92).*

Abb. 92

Schildkrötenstaffel

Unsere Schildkröte hat zwar mehr als vier Beine, aber sie hat einen großen Panzer, den eine Turnmatte darstellen soll. Die Staffelgruppen haben vier, acht oder zwölf Spieler. Bei jedem Durchgang krabbeln vier Spieler auf Händen und Knien gemeinsam mit der Turnmatte über dem Rücken eine Strecke und um ein Wendemal und übergeben dann die Matte den nächsten vier. Die Schildkröte verliert ganz sicher unterwegs ihren Panzer, wenn nicht alle Spieler aufeinander abgestimmt sind und sich nicht sehr behutsam vorwärtsbewegen *(Abb. 93).*

Abb. 93

Flucht in Ketten

Die vier bis sechs Spieler jeder Staffelgruppe werden mit einem Springseil um die Hüften „zusammengebündelt".

So sollen sie sich gemeinsam auf einem vorgegebenen Weg fortbewegen und dabei vielleicht sogar noch Hindernisse umlaufen. Es erfordert sehr viel Geduld und Anpassungsbereitschaft, wenn es ohne zu straucheln vorangehen soll. Es ist auch wichtig, daß man es vorher einmal ausprobieren konnte, bevor es in der Staffel möglichst schnell gehen soll *(Abb. 94)*.

Abb. 94

Tausendfüßlerstaffel

Die sechs bis acht Spieler jeder Staffelgruppe bilden einen Tausendfüßler, indem sie hintereinanderstehend jeweils dem Hintermann durch die eigenen Beine eine Hand geben und mit der anderen Hand die des Vordermannes nehmen.

Diese Spielerkette hat nun einen vereinbarten Weg zurückzulegen und dabei zusätzlich kleine Hindernisse zu überwinden. Im Ziel ist man erst, wenn der letzte Spieler die Ziellinie erreicht hat *(Abb. 95)*.

Abb. 95

Natürlich gibt es auch einfachere Möglichkeiten, einen Tausendfüßler zu bilden, — z. B. indem jeder seinen Vordermann mit beiden Händen an den Hüften hält oder indem die Spieler hintereinander auf den Knien krabbeln und jeder seinen Vordermann an den Fußgelenken faßt.

Materialtransportunternehmen

Jede Staffelgruppe erhält einen Kasten mit vielfältigem Kleinmaterial, — div. Bällen, Bohnensäckchen, Tüchern, Joghurtbechern, Tennisringen usw. An einer entfernten Ziellinie steht für jede Gruppe ein leerer Kasten. Es soll darum gehen, alles Material schnellstmöglich in den leeren Kasten zu transportieren, wobei jeder Spieler zu keiner Zeit mehr als einen Gegenstand bei sich haben darf. In einer Variante des Spiels untersagen wir jede Berührung der Gegenstände mit den Händen.

Spätestens bei wiederholten Durchgängen werden alle herausgefunden haben, daß die Aufgabe am besten zu lösen ist, wenn man innerhalb der Gruppe eine Kette bildet und die Gegenstände weitergibt, anstatt mehrfach einzeln hin- und herzulaufen.

Die lustige Taschenkrabbe

Wir haben Staffelgruppen zu je sechs oder acht Spielern gebildet; es sollte immer eine gerade Spielerzahl sein.

Je zwei Spieler reichen mit ihren Händen unter den eigenen Beinen hindurch nach hinten und greifen den Partner. Sie sollen in dieser Position mit den Rücken zueinander eine festgelegte Laufstrecke um ein Wendemal und evtl. auch um oder über kleine Hindernisse zurücklegen und dann die nächsten beiden ins ,,Rennen'' schicken. Da die Fortbewegung seitwärts am besten geht, haben wir den Vergleich mit der Taschenkrabbe gewählt *(Abb. 96)*.

Abb. 96

Luftballonstaffel

Wir richten diese Staffel als Paare-Laufstaffel um ein Wendemal und evtl. mit eingebauten Hindernissen ein. Je zwei Spieler sollen mit Hilfe von zwei Spring-seilen einen Luftballon auf diesem Weg transportieren und ihn dann den nächsten beiden übergeben. Der Luftballon darf mit keinem Körperteil berührt werden.

Teppichfliesenstaffel

Diese Staffel ist nur durchführbar, wo ein glatter Boden vorhanden ist, auf dem Teppichfliesen gut gleiten.

Wir benötigen für jede Staffelgruppe drei Teppichfliesen. Die Staffelaufgabe soll darin bestehen, einen festgelegten Weg um ein Wendemal herum auf den drei verfügbaren Fliesen zurückzulegen. Jeder Spieler muß den Weg einmal gemacht haben. Die Form der Aufgabenlösung bleibt den Spielern selbst überlassen *(Abb. 97).*

Abb. 97

Abb. 98

Ruderregatta

Acht bis zwölf Spieler je einer Gruppe sitzen im Reitsitz auf einer Turnbank mit Blick zu einem vereinbarten Ziel. Die Hände halten die Bank an den Kanten. Staffelziel ist es, die Bank zwischen den Beinen im gemeinsamen Rhythmus bis zum Ziel vorzurücken. Das ist recht schwierig, bis man sich auf gemeinsame „Arbeit" eingestellt hat *(Abb. 98)*.

Tunnelstaffeln

Zwei Beispiele für vielfältige Möglichkeiten und Varianten mit ähnlichem Spielverlauf und kooperativem Spielgedanken:

— Die Mitspieler jeder Spielgruppe (mind. 8–10) liegen dicht nebeneinander bäuchlings auf dem Boden. Daraus soll ein gemeinsamer Tunnel werden können, wenn alle gleichzeitig einen hohen Liegestütz bauen, sobald jemand hindurchkriechen will.

— Es soll also darum gehen, daß jeweils der letzte in der Reihe möglichst schnell durch den Tunnel hindurchkommt, sich vorn anschließt und dem nächsten durch lauten Zuruf das Los-Signal gibt. Jeder muß einmal getunnelt sein! Nur die Gruppe wird erfolgreich sein, bei der es keine Tunnelstörungen gibt und jeder rechtzeitig aus der Bauchlage in die Liegestützbrücke kommt.

  Statt des Zurufs an den nächsten kann z. B. auch ein mitgenommenes Bohnensäckchen hinübergeworfen werden.

— In der gleichen Weise bilden die Spieler jeder Gruppe einen Tunnel. Jetzt soll ein großer Ball hindurchgelangen können. Der erste Spieler rollt den Ball möglichst so gezielt und dosiert hindurch, daß er selbst ihn nach Umlaufen des Tunnels wieder aufnehmen und dem nächsten Mitspieler am Tunnelanfang zuspielen (hinüberwerfen oder wieder zurückrollen) kann. Er hat sich dann rasch am Tunnelende anzuschließen.

  Eine andere Form der Tunnelbildung ergibt sich, wenn die Spieler nebeneinander sitzen mit angewinkelten Beinen und aufgestützten Armen und dann wie zum Liegestütz rückwärts das Gesäß heben; oder wenn sie sich im Sinne eines Reißverschlusses im Wechsel gegenübersitzen und die Beine anheben, wenn der Ball kommt.

Wanderball-Staffeln

Um bei diesen einfachen Staffelformen einen hinreichenden Spiel- und Wettbewerbsanreiz zu ermöglichen, müssen die Staffelgruppen je eine recht große Spielerzahl haben.

Wir beschreiben zwei Beispiele aus der großen Fülle möglicher Spielvarianten:

— Die Spieler jeder Staffelgruppe stehen mit geringem Abstand hintereinander. Ein großer Ball (z. B. Medizinball) wird vom vordersten Spieler der

Reihe über Kopf nach hinten weitergegeben, wobei jeder Spieler ihn über-nommen haben muß. Der letzte nimmt ihn dann auf, läuft nach vorn und reicht ihn wiederum über Kopf nach hinten usw., bis der ehemals erste Spieler wieder vorn an seiner Ausgangsposition angekommen ist.

— Die Spieler jeder Gruppe bilden einen Innenstirnkreis, in dessen Mitte ein eigener Spieler im Reifen seine feste Position hat. Ein Wanderball soll nun im Wettbewerb mit dem der anderen Gruppe(n) über Fangen und Werfen jeweils den Weg vom Mittelspieler zum nächsten Kreisspieler und zurück nehmen. Ziel ist also, nach einfacher oder mehrfacher Umkreisung den Ball möglichst schnell beim Ausgangsspieler zu haben.

Sechstagerennen

Rollbretter oder Skateboards sollen unsere Fahrzeuge sein, weil es mit ihnen besonderen Spaß macht und sie zudem sehr spezifische Anforderungen an die Körperbeherrschung und Bewegungssteuerung stellen (Abb. 99).

Für das Rennen sitzt je ein Spieler jeder Mannschaft angehockt auf dem Roll-brett, ein zweiter schiebt und lenkt mit den Händen an dessen Rücken.

Wir gehen beispielhaft von insgesamt 24 Spielern aus, die in zwei Mannschaf-ten aufzuteilen sind. Die Rennstrecke soll ein mit beliebigen Markierungen ab-gesteckter Rundkurs in der Halle sein, wobei aus Sicherheitsgründen hinrei-chender Abstand von den Wänden bedacht sein muß. Die Mannschaften haben ihren Start und ihr Ziel auf den jeweils gegenüberliegenden Seiten der Bahn.

Jedes Paar hat eine Runde zu fahren und dann beim ,,Mannschaftsquartier'' fliegend die Besatzung zu wechseln.

Wir schlagen die Regelung vor, daß jedes Mannschaftsmitglied einmal Fahrer gewesen sein muß, es in unserem Falle also 12 Runden ergibt. Die Entschei-dung darüber, in welcher Weise die Anschieber gewechselt werden, können bei dieser Regelung die Mannschaften selbst aushandeln.

Selbstverständlich müssen vor einem solchen rasanten Rennen der Umgang mit den Brettern geübt und alle nötigen Sicherheitsregeln besprochen sein.

Abb. 99

Römisches Wagenrennen

Für dieses rasante Staffelspiel benötigen wir Teppichfliesen, Springseile und einen möglichst rutschfähigen Hallenboden. Die Spielerzahl in jeder Staffelgruppe ist beliebig, sollte aber nicht zu gering sein, da laufend drei Spieler aktiv und recht stark beansprucht sind. Die Länge der Rennstrecke ist dem Alter der Spieler anzupassen und als Wendebahn mit einem Wendemal auszustatten.

Jedes Wagengespann wird von zwei Pferden und einem Wagenlenker gebildet. Der Wagenlenker hockt mit beiden Füßen auf einer Teppichfliese und hält sich an einem Springseil wie am Zügel. Die beiden Pferde fassen die Springseilenden und können so den Wagenlenker ziehen. Wenn es schnell vorangehen soll, muß man sich ganz schön anstrengen und gut zusammenarbeiten; auch der Wagenlenker hat viel zu tun mit der Balance, vor allem, wenn es um das Wendemal geht. Vielleicht sind in der Bahn auch noch weitere Handicaps eingebaut, welche die Aufgabe abwechslungsreicher und schwieriger machen.

Als Ablaufregel empfiehlt sich die Vereinbarung, daß jeder Spieler einmal Wagenlenker gewesen sein muß, es also soviele Durchgänge gibt, wie Spieler in jeder Gruppe.

Bei dieser Regelung haben die Gruppen eigene Entscheidungsmöglichkeiten über den wechselnden Pferdeeinsatz, also einen gewissen „taktischen" Spielraum (Abb. 100).

Abb. 100

4 Literaturverzeichnis

ABRESCH, J.: Konkurrenz im Spiel, Spiele ohne Konkurrenz. Pohlheim 1984[5].

Ausschuß Deutscher Leibeserzieher (Hrsg.): Sozialisation im Sport. Schorndorf 1974.

BAUER, D.: Strukturelle Bedingungen von Durchsetzungschancen in kleinen Spielen. In: Sportpädagogik 1/79.

BAUER, D.: Es ist doch nur ein Spiel. In: Sportpädagogik 1/79.

BAUER, D./KLEINDIENST, C.: Soziale Erziehung im Schulsport. In: Sportunterricht 7/76.

BERNDT, I./REHS, H. J.: Untersuchungen zum Problem der Beeinflussung der sozialen Position adipöser Kinder im Sportunterricht durch intensive Schulung in einer Sportart. In: Ausschuß Deutscher Leibeserzieher (Hrsg.): Sozialisation im Sport. Schorndorf 1974.

BOISEN, M.: Angst im Sport. Gießen 1975.

BRINKMANN, A./TREESS, U.: Bewegungsspiele. RoRoRo Sachbuch 7043. Reinbek 1980.

BRODTMANN, D.: Kommunikation und Kooperation im Sportunterricht. In: Die Grundschule 10/1977.

BRODTMANN, D.: Sportunterricht und Schulsport. Bad Heilbrunn 1984[2].

BRUSTEN, M./HURRELMANN, K.: Abweichendes Verhalten in der Schule. München 1976[3].

CACHAY, C./KLEINDIENST, C.: Soziales Lernen im Sport. In: Sportwissenschaft 3—4/1975.

CRATTY, D. J.: Aktive Spiele und soziales Lernen. Ravensburg 1977.

DAUBLEBSKY, D.: Spielen in der Schule. Stuttgart 1973.

DEACOVE, J.: Spiele ohne Tränen, Ettlingen 1985[5].

DIETRICH, K.: Spielen. In: Sportpädadogik 1/1980.

DIETRICH, K./LANDAU, G. (Hrsg.): Beiträge zur Didaktik der Sportspiele Bd. 1—3. Schorndorf 1974 und 1977.

DÖBLER, E./DÖBLER, H.: Kleine Spiele, Berlin-Ost 1985[15].

DREFKE, H.: Körpererfahrung über Körperkontakt — oder müssen wir uns heute wieder anfassen? In: Sportunterricht 5/1982.

DUNKERBECK, U./PRENNER, K.: Der leistungsschwache Schüler aus der Sicht des Sportlehrers. In: Ausschuß Deutscher Leibeserzieher (Hrsg.): Sport lehren und lernen. Schorndorf 1976.

EHNI, H./KRETSCHMER, J./ SCHERLER, K.: Spiel und Sport mit Kindern. RoRoRo Sachbuch 7629. Reinbek 1985.

EHRLICH, P./HEIMANN, K.: Bewegungsspiele für Kinder. Dortmund 1982.

ELSTNER, F.: Spiel mit. Dortmund 1979.

FLUEGELMANN, A.: New games, die neuen Spiele. Weidgarten 1985[11].

FLUEGELMANN, A.: Die neuen Spiele, Bd. 2. Weidgarten 1985[5].

FLURI, H.: 1012 Spiele und Übungsformen in der Freizeit. Schorndorf 1984.

FUNKE, J. (Hrsg.): Sportunterricht als Körpererfahrung. Sachbuch 7608 Reinbek 1983.

GARVEY, C.: Spielen. Stuttgart 1978.

HACKFORT, D./SCHWENKMETZGER, P.: Angst und Angstkontrolle im Sport. Köln 1980.

HARTMANN, H./BERNSDORFF, W.: Volley-Spielen statt Volleyball-Spielen. In: Ausschuß Deutscher Leibeserzieher (Hrsg.): Sozialisation im Sport. Schorndorf 1974.

HARTMANN, H.: Die Auserwählten und die Ausgestoßenen. In: DIETRICH, K./LANDAU, G. (Hrsg.): Beiträge zur Didaktik der Sportspiele, Teil III. Schorndorf 1977.

HARTMANN, H./ODEY, R.: Schwache Schüler im Sportunterricht. In: Zeitschrift für Sportpädagogik 4/1977.

HEMPFER, P.: Der leistungsschwache Schüler im Sportunterricht. In: Sportunterricht 5/1973.
JOST, E.: Die Formen des Bewegungsspiels. In: Sportpädagogik 1/1983.
KAPUSTIN, P.: Schülerprobleme und Problemschüler. In: Sportpädagogik 3/1979.
KIPHARD, E.: Motopädagogik. Dortmund 1979.
KERKMANN, K.: Wir spielen in der Grundschule, Schorndorf 1985[6].
LANG, H. G.: Soziale Spiele. Tübingen 1984.
LÜPKE, C.: Zum Problem der Versager im Schulsport. In: Sportunterricht 9/1975.
LUTTER, H. (Red.): Das leistungsschwache Kind im Schulsport. Schorndorf 1983.
MITTERBAUER, G./SCHMIDT, G.: 300 Bewegungsspiele für Schule, Verein, Freizeit und Familie. Innsbruck 1985.
ORLICK, T.: Kooperative Spiele. Weinheim 1984[2].
ORLICK, T.: Neue kooperative Spiele, Weinheim 1985.
PRENNER, K.: Zur Sozialpsychologie des leistungsschwachen Schülers. In: LANGENFELD, H. (Hrsg.): Einführung in das sportpädagogische Studium, Ahrensburg 1977.
REHS, H. J.: Außenseiter im Sportunterricht. Schorndorf 1983.
REHS, H. J./BERNDT, I./RUTENFRANZ, J.: Untersuchungen zur Frage der Leistungsfähigkeit unter besonderer Berücksichtigung des Sportunterrichts. In: Zeitschrift für Kinderheilkunde 115 (1973), 1.
RIEDER, H.: Ängste und Hemmungen im Sportunterricht als Ausgangsbasis für eine verbesserte Schüler-Lehrer-Interaktion. In: HECKER, G. (Hrsg.): Der Mensch im Sport. Schorndorf 1976.
RIEMER, C.: Neue Spiele ohne Sieger. Ravensburg 1986.
ROHRBERG, K.: Leistungsschwäche im Sportunterricht als sportpsychologisches Problem. In: Theorie und Praxis der Körperkultur 27 (1977), 2/3.
SCHERLER, K.: Sensomotorische Entwicklung und materiale Erfahrung. Schorndorf 1975.
SCHRENK, H. u. a.: Praxis Handbuch, Sport mit Grundschulkindern, Bd. A/B. Gammertingen 1984.
SCHÜSSLER, P.: Zum Problem der Integration und Förderung leistungsschwacher Schüler im Sportunterricht. In: Motorik 5/1982.
SPYCHALSKI, J. M.: Psychologie und Übergewicht. In: Unterricht Biologie 6/1977.
STEMPER, TH./SCHÖTTLER, B./LAGERSTROM, D.: Fit durch Bewegungsspiele. Erlangen 1983.
THOMAS, A.: Einführung in die Sportpsychologie, 1978.
ULICH, D.: Pädagogische Interaktion. Theorien erzieherischen Handelns und sozialen Lernens. Weinheim 1976.
VOPEL, K.: Interaktionsspiele für Kinder, Teil 1—4. Hamburg 1980[2].
ZIESCHANG, K.: Zur Bedeutung der Angst beim motorischen Lernen und Handeln: In: Sportwissenschaft 3/1979.
WURZEL, B.: Lernziel: Körperkontakte? In: Sportunterricht 5/1982.

Anschrift des Verfassers:

Prof. Dr. Ekkehard Blumenthal
Hornrain 6
79639 Grenzach-Wyhlen

Weitere interessante Bände aus dieser Reihe

Band 36   Prof. Dr. Ekkehard Blumenthal   6., unveränderte Auflage 1991

Vorschulturnen an Geräten

Mit diesem Band wird eine spürbare Lücke in der Literatur gefüllt. Langjährige Erprobungen mit Vorschulkindern bilden die Grundlage der Lehrhilfe. Die in wissenschaftlichen Untersuchungen nachgewiesene Lernfähigkeit der Vorschulkinder wird in einem ausgewählten Angebot von Übungsformen genutzt. Für Schule und Verein wird dieser Band eine willkommene Hilfe sein.

1970. DIN A 5, 84 Seiten, 177 Abb. ISBN 3-7780-5366-3   (Bestellnummer 5366)

Band 70   Prof. Dr. Ekkehard Blumenthal   6., unveränderte Auflage 1991

Bewegungsspiele für Vorschulkinder
Ein Beitrag zur Entwicklungsförderung der 3- bis 5jährigen

Mit diesem Band soll Kindergärtnerinnen, Vor- und Grundschullehrern sowie Vereinsübungsleitern eine weitere Lehrhilfe für die Aufgaben der Sport- und Spielerziehung des Vorschulkindes gegeben werden.
Auf der Grundlage didaktischer Überlegungen werden eine große Zahl lebendig illustrierter Spielformen und einige Stundenbeispiele angeboten, die durch ihre Anforderungen einen wertvollen Beitrag zur Entwicklungsförderung des Kindes leisten können.

1973. DIN A 5, 104 Seiten, 171 Abb. ISBN 3-7780-5706-5   (Bestellnummer 5706)

Band 131   Prof. Dr. Ekkehard Blumenthal

Arbeitsmaterialien für Bewegungsstudien
Eine praktische Hilfe für Studenten, Schüler und Lehrer

Das Buch will in biomechanisch-bewegungsanalytischer Betrachtungsweise Hilfe zur Kenntnisvermittlung von sportlichen Grundtechniken bieten. Es richtet sich an Oberstufenschüler, Studierende, Lehrer und Übungsleiter und vermittelt durch eine Fülle von Kinegrammen und Skizzen reiches Anschauungs- und Studienmaterial.

1978. DIN A 5, 158 Seiten, 88 Abb., ISBN 3-7780-9311-8   (Bestellnummer 9311)

Verlag Karl Hofmann · D-73603 Schorndorf
Postfach 1360 · Telefon (0 71 81) 4 02-0 · Telefax (0 71 81) 4 02-111

Schriftenreihe zur Praxis der Leibeserziehung und des Sports